看见每一个学生

殷会荻 / 著

图书在版编目（CIP）数据

看见每一个学生/殷会荻著. -- 上海：上海教育出版社，2021.5
ISBN 978-7-5720-0831-3

Ⅰ.①看… Ⅱ.①殷… Ⅲ.①教育研究 Ⅳ.①G40-03

中国版本图书馆CIP数据核字（2021）第088178号

策　　划	源创图书
责任编辑	董　洪
特约编辑	王玉梅　李好珠
责任印制	梁燕青
内文设计	许　扬
封面设计	奇文云海

Kanjian Mei Yi Ge Xuesheng
看见每一个学生
殷会荻　著

出版发行	上海教育出版社有限公司
官　　网	www.seph.com.cn
地　　址	上海市闵行区号景路159弄C座
邮　　编	201101
印　　刷	北京华宇信诺印刷有限公司
规　　格	710×1000　1/16　印张 12.75　插页 1
字　　数	170千字
版　　次	2021年6月第1版
印　　次	2025年3月第4次印刷
印　　数	12,001—15,000 本
书　　号	ISBN 978-7-5720-0831-3/G·0647
定　　价	49.80元

如发现质量问题，请向本社调换　电话 021-64373213

目录
CONTENTS

序　　　　吴　非 / 1

第一辑　　就这样，埋下一颗种子

就这样，埋下一颗种子 / 11
课前小故事的故事 / 15
英子老师的记者招待会 / 19
来来来，查字典 / 22
关于写作，我更看重的 / 26
"下水"的魔力 / 30
狐狸一定是"狡猾"的吗 / 35
给六年级学生的第一节作文课 / 39
小鱼儿的吐槽得了高分 / 42
我只是想让你"帅"一下…… / 45
捡到篮子里都是菜 / 49
"朋友""宠物"及其他 / 57
窗外有什么 / 61
范范的苦恼 / 67

如今过年失去"年味"了吗 / 71

一个语文老师最美的收获 / 76

第二辑　不一样的小孩

不一样的小孩 / 87

小米的烦恼 / 89

本家策策 / 91

阿汤小子的兴趣生活 / 95

大头李的悲欢故事 / 98

晓雷的一片天空 / 101

阿斐的泡面人生 / 106

七班有个"男子天团" / 110

我遇到了一个难题 / 113

大城市的留守儿童 / 118

我的第一届学生 / 124

第三辑　迅哥儿的成长乐园

迅哥儿的成长乐园
——在景物描写中看到"人"的活动 / 131

可爱的寿老先生
——借助人物描写感知作者的情感态度 / 135

《从百草园到三味书屋》中的两个"算是"
——关注反复出现的词语 / 137

三味书屋的学生读书为啥不断句
——小标点，大作用 / 139

玩乐，读书亦乐
——抓住相关文字，联系写作背景，理解文中"我"以及作者"我"的情感 / 141

《背影》可以教什么
——从写作的角度来引导学生阅读 / 144

《背影》"写了什么"和"没写什么"
——作者剪裁材料的匠心和文字的"言外之意" / 147

诗人和朋友的关系怎么样
——设置一个好问题，引导学生品味平淡语言背后的深意 / 150

试着跟古人讲个理
——引导学生用思辨的眼光阅读经典 / 154

元方：奶声奶气的"方正"娃娃
——分角色朗读，理解人物形象的有效途径 / 156

称谓，解读小说的"通关密码"
——由小说《雁》中的称谓引发的一场讨论 / 159

至少还有约瑟夫
——关注小说的叙事视角以及"次要人物" / 164

《阿尔及利亚人的鲜花》及其他
——对"人"的关注比什么都重要 / 168

第四辑　你是一棵什么树

你是一棵什么树　/ 175

你能撑起谁的天　/ 178

"新叶"及其他　/ 181

阅卷归来　/ 184

韩寒与王小波的猪　/ 186

孤立　/ 190

教育不该激发人性中的丑恶　/ 193

后　记　"赶羊"及其他　/195

序

我读英子的文章,有十年了。有一回,她在我的博客上留言,询问一本书的事,我们就这么认识了。那以后我看过和读过很多她的教学实录和教育随笔。当我第一次把她的文章推荐给刊物时,才想到应当问如何署名,于是知道了——殷会荻,可是我已经习惯称她"英子"了。

英子像磐石一样固守着教育的江河,恬然自安。我是几年后,在读她的文章时想到这句话的。有些教师就是这样,稳稳地沉在课堂,把自己的精神态度渗进学生一生的"底子"。英子与世无争,在课堂中自得其乐。

这本《看见每一个学生》,书名很有冲击力,一下子就把我带回学校,带进教室,让我又站在学生面前。估计读这本书的老师也会有这样的感觉。课堂是生命活动的场所,几十颗心在跳动,几十双眼睛看着讲台;而讲台上的这个人,也曾坐在课桌后,多年前也面对讲台,从师而学。这是一种非常奇妙的感觉。我看过英子少年时写的作文,她是从那时起就憧憬以后能站在讲台上的。如果教师能想到自己面对的这几十名学生——这些天真烂漫的儿童，稚气未脱的少年——以后会成为有独立意志的人，成为有生存能力和创造能力的劳动者，会成为父亲母亲，我们就不能不经常审视自己站立的姿态，因为学生也在看着我们。英子的过人之处，既在她经常有创新的思考，也在她经常有不断反思的勇气，她的"看见每一个学生"，体现了她的职业态度。

作为教师，英子在自己的课堂践行常识。学科教学内容不算很多，只有能培育学生学习兴趣和学习能力的教育，才是真正的教育。在课堂上，如果教师能关注每一个学生，教育就发生了，学习就开始了。英子的课，不仅着眼于培育学生的思维和习惯，更重要的是通过这些实现立人的目标。一个时代的教育对人的影响，往往要几十年之后才能显现。那么，当下正在接受教育的一代学生，他们成年后会是什么样的？他们会记得所接受的教育吗？我一直在思考。

从教育学意义上讲，人所有的行为都会有教育的"因"，他受到的教育一定会反映在他的生活中，也会体现在他的生命价值上。否则，教育就没有意义，也没有必要。

英子在教书，也一直在思考。她认为要使学生成为真正的人，先要教会他们思考。英子眼中看到的是"人"，她不赞成培养"听话"的学生，她认为教育教学的根本目标是"立人"，必须启发学生学会独立思考。英子重视学生的思维品质，着力培育学生的质疑能力和创新意识。她的课不满足于人云亦云地完成任务，她在课上会放慢节奏，留出时间，引导学生独立思考，反复推敲那些人们习以为常的说法，让学生自由地发表见解。她非常重视培养学生的问题意识，让学生始终和"问题"共处。教《晏子使楚》时，她问学生："如果你是楚王，你会如何反驳晏子?"教《愚公移山》时,她问学生:"如果你是智叟,你也会'亡以应'吗?"——有价值的问题,总是能激发学生探究的兴趣。有时,她会根据学生的反应,用一连串的问题引发更深刻的思考。比如,和学生一起读《雁》时,英子引导学生由小问题一步步走向"生命尊严"那样的大命题。批判性思维教育要从童年、少年开始。在义务教育阶段的课堂上培育学生独立思考的意识,夯实他们的精神底子,是明智的教育选择。多年来,英子一直在这样实践。

英子是个有问题意识的人,否则她的课不会那样灵动。比如,对中小学教育中经常给学生设置的非此即彼的"道德两难"现象,她甚不以为然。教育教学中,为了给学生传达或灌输某种理念,往往会把简单的问题复杂化,动辄上升到道德高度,那样的做法对少年儿童思维品质的培育很不利。为了解放学生,英子先解放自己。她把那些似是而非的学习材料当作思辨的教材,教育学生不迷信、不盲从、独立思考,形成实事求是的思想作风。"几乎每接手一个新班,第一件事就是教孩子们用自己的头脑去思考,用自己的语言去表达,还有,就是教他们学会分辨别人文字的高下。这个过程有点难,但是,很有意思。"对教育教学中存在的问题,英子有职业的敏锐性。八年前,英子的《孤立》一文曾冲击了我,让我的心情久久不能平静,我们很多老师都遇到过类似的情况,但很少有老师能像英子那样冷静地分析根源(乃至于经常被"集体荣誉感"堵死思考之路)。我们能想到,如果教育片面强调某种"情感"而忽略理智,学生在未来就有可能放大偏差,并因此造成巨大危害。同样,对学生的人格养成,英子想得非常细致,她反对教师利用学生写"情况汇报"以实现"互相监督",担心这样做会激发人性之阴暗,"我希望我的学生走出校门的时候，每个人都心底磊落，脸上有光"。教师应当特别重视独立思考的教育价值。

英子热爱课堂，总是以她特有的职业态度审视自己的教学，关注每一个学生的心灵需求。当教师固然要有些天分，但如果心里始终装着学生，就自然会上好课。职业素养有时取决于热爱。英子说过，无论遇到什么样的困难，她从没怀疑过自己的职业选择。

在课堂上，英子和学生一起书写美丽人生。在这本书中，我看到了英子的作文课，她对学生写作状态的观察，她在评价过程中展现的价值立场，以及充满智慧的阐述，让我获得许多有益的启示。

作文不难教，如果学生把老师当作知心人的话；作文难教，是因为有些老师暂时读不懂学生的心思，看不到教室里的每个学生都有自己的期待。在我们的课上，少年写下他们的梦，送给老师看，那些语句包着的是一颗颗真诚的心，这是生命中最早的诗呀——你能认为那仅仅是些"段落"和"句子"吗？你能认为那仅仅是一次"作文"吗？老师要做的，仅仅是批个分数吗？英子懂得学生，"越来越多的学生开始在日记本上写下一首首美丽的小诗，我知道他们写的时候一定期待着我读到这些文字，他们知道我会欣赏他们，会懂得他们"。"我庆幸能够结识那些学生，庆幸自己能够让越来越多的学生放慢脚步，静下心来享受文字的诗意之美；我庆幸自己能够带着学生看到教室之外更广大丰富的世界，并与这个世界细细地交流"。教师和一届学生朝夕相处，不过几年时间，总有一天，我们会想起他们曾经的幼稚和单纯，会很珍惜课堂的记忆，也珍惜他们通过几页稿纸，向老师掏出来的心。

教师，也应当是有梦的诗人——我指的不仅仅是语文教师，还有别的学科的教师。教师有了梦想，才能从那一双双明亮的眼睛里看到梦想，看到未来，他面对的学生，才有可能成为有独立意志、健全人格的人。英子的作文课之所以有灵气，是因为她了解学生的情感和思维状态，懂得适时地启发。作文本身就是生活的一部分，而无须"贴近生活"，流水账也能反映生活，也有"意义"，只要你关注，"会想"。老师赢得学生的信任，学生对老师放心，作文就自由了，鲜花草木就能尽情地生长！有次作文课，一个学生交了两篇作文——自己写的作文和经父亲指导过的"作文"，果然，孩子自己写的作文比在父亲"富有经验"的指导下写的作文更真实、更有生命力！英子不反对学生在作文中展开批评，鼓励学生写作文时不违本心，真诚地直面问题。我想，当那些学生走上社会时，一定会记得少年时代英子的作文课。

和个人阅读史一样，英子也有自己的"作文史"。为了培养学生从生活中学习语文的意识，英子甚至向学生公开自己的随笔乃至日记，还包括她保留的自己初中时写的作文。我想，要上这样的课，教师必须有厚实的底子。英子写道："跟学生一起写同题作文的习惯，让我更能看到一些学生可贵的能力，真心地肯定他们，因为有些事情'你能做到，而老师做不到'。同时，对于学生写作中的一些问题多了些理解……"和学生一同学习，和学生一同成长，这是英子对课堂的认识。

从英子的文章中也能看到她的职业态度和修养。她多年手不释卷，始终和学生一同读书。如果教师以阅读和思考为职业习惯，当能力素养逐渐形成辽阔背景时，教学就不会成为难题。在课堂上，学生看到的不只是讲台上的殷老师，也不仅仅是"语文"，通过殷老师，学生能看到她背后的整个世界，以及未来。在英子眼中，所有学生的学习都会往前走，

"在学生的作业本上，我读到了更多的不加雕琢、童趣盎然的小诗，这些小诗让我拥有了作为一个语文老师的成就感和幸福感。因为，在一节又一节的语文课上，在看似随意的聊天和品读文字的过程中，我已经在孩子们的心里埋下了一颗善和美的种子。我相信，这颗种子正在萌芽，总有一天会开出一树一树的美丽繁花。"英子就是这样一位带着少年前行的老师，心里始终充满光明。

在课堂上，学生都能看见教师，因为他要"学"；可是，教师要想"看见每一个学生"，则需要比较高的职业素养，要有饱满的人道精神，能注意每一个学生的不同需求。英子经常写她的学生，我也常会想她的学生是什么样的，这一个，那一个，个个不同，每一个都有故事，难得的是英子把学生全都看在眼中！在她眼中，所有的学生都是可爱的。虽然在世风侵蚀下，偶尔她也会伤感，但是她不愿让学生变得庸俗，她不会和学生对抗，她只是想和人的平庸、狭隘、自私、冷漠对抗。

受篇幅限制，英子这本书没有收入她所有的阅读笔记。但我知道，阅读是她业余不变的生活方式。英子可能遭遇过很多困难，但她有超越一般人的勇气和应对困境的智慧，因为阅读和思考充实了她的内心，让她保持着生活与工作的激情。

教师的心中装满美好的事物，课堂上，学生就能多看到美好。在儿童和少年的心里多播下一些仁爱、善良和美丽，他们的心灵就会容不下恶，即使面对人世间的不公平和苦难，"精神底子"也能让他们秉持公正的态度。

英子说过，上课并不累，站在讲台上，能看到每一个学生的眼睛。在这个时代，每天能面对一双双明亮的眼睛，你说，这是多么幸运又是多么值得珍惜的事！

  我想告诉读者，虽然我和英子交往近十年，但是直到写完这篇序言初稿时，我都没有见过英子。去年岁末去上海开会，才见到她，果然，是位纯正的老师，从见面到告别，她讲的都是上课的事。

  是为序。

吴　非

2021 年 1 月 8 日

第一辑

就这样，埋下一颗种子

看见每一个学生

就这样，埋下一颗种子

课堂上，我和学生一起读郭沫若的诗《天上的街市》，当读到"街市上陈列的一些物品，定然是世上没有的珍奇"一句时，我问："大家想想看，那些'世上没有的珍奇'会是些什么呢？"

学生们纷纷举手。有的说是神奇宝贝；有的说是大恐龙；有的说是七彩宝石；有的说是核武器；还有的说是织女织出来的云霞，是擦星星的布，是嫦娥的霓裳羽衣，是钓月亮的鱼竿，是时光机和任意门……

我笑眯眯地看着大家举起的小手，听着他们七嘴八舌的讨论，等到差不多了，就问："你们觉得刚才大家说的那些东西有哪些是不应该出现在街市上的呢？为什么？"

学生们笑了，于是又举手："大恐龙！因为不够美。""老师让我们说的是世上没有的珍奇，核武器是现在世上有的，所以不能放在这里。""核武器那是杀人的武器呀，怎么可以当作珍奇放在那么美丽和平的街市上卖呢？"

我说："你们说得很好，这首诗描绘了一幅多么美好的生活图景啊，有美丽的街市，有珍奇的物品，有幸福的人儿。前面我们读《迢迢牵牛星》那首诗的时候，也知道牛郎织女的故事原本是很悲伤的，因为有一条浩瀚的银河横在他们中间，所以想见一面很难。但在这首诗里，诗人却想象牛郎织女可以骑着牛儿来往，而且还提着灯笼在走——多美呀！是吧？"学生们很陶醉地点头。

我又问:"你们想不想试试,写出更美的诗来?"学生们大概没想到我会这么问,一时有些静默。

我说:"我猜大家一定会想,写诗很难的,我们可以吗?对不对?如果我说,你们本来就会写诗呢?"听了我的话,有的学生很兴奋地跃跃欲试,有的学生一脸不相信。

我说:"写诗最需要的是想象,你们天生就会想象,谁小的时候没有说过一些让大人惊奇的话呢?比如,我记得有个三岁的小孩就说过,小虫子一扭一扭地跳着舞走路。再比如,你们刚才说的很多东西,擦星星的布,钓月亮的鱼竿,也都是诗人才说得出来的话呢。"

一个学生恍然大悟:"我小时候说过,掉进水里的树叶是一艘小船,要航行到很远很远的地方去。"

我笑了:"是呀!所以很多人都说小孩子是天生的诗人,或者说,诗人都有一颗童心!比如,诗人顾城就会在大地上画满窗子,让所有习惯黑暗的眼睛都习惯光明。"

因为学生们刚刚读过顾城的诗集,所以对他的句子很熟悉,都兴奋地抢着说:"我是一个孩子/一个被幻想妈妈宠坏的孩子/我任性!"

"好哇,那我们就任性一下吧!"说着,我在黑板上写了"露珠""脚印"等几个词语。我接着说:"也许科学课上老师会告诉你们,水蒸气遇冷凝结在草叶上,就会成为露珠。那么,一个诗人会怎么形容露珠呢?"

起初,学生们你看看我,我看看你,好像有点羞涩的样子。终于,有个学生大声说:"露珠是仙女悲伤时落下的眼泪!"我微笑着肯定他的回答。陆续有更多的学生举手:"露珠是月亮丢失的钻石。""露珠是星星在玩耍的时候不小心掉到了地上。"……

快要下课了,学生还在七嘴八舌地议论着。我说:"请把你们刚才即兴作的小诗记录下来吧,老师帮你们整理成一本诗集,就叫'被幻想妈妈宠坏的孩子',怎么样?"

于是,在学生的作业本上,我读到了更多的不加雕琢、童趣盎然的小诗，这些小诗让我拥有了作为一个语文老师的成就感和幸福感。因为，在一节又一节的语文课上，在看似随意的聊天和品读文字的过程中，我已经在孩子们的心里埋下了一颗善和美的种子。我相信，这颗种子正在萌芽，总有一天会开出一树一树的美丽繁花。

附：学生的几首小诗

新月
杜令瑶

是天使的船
穿行在云海中
累了
就抛下一颗流星作锚

脚印
何诗雨

小孩子是天生的诗人
那沙滩上的一个个脚印
是随着他们奔跑的
快乐的诗行

露珠
郑夷惠

露珠，是月亮在黎明到来前的最后一滴眼泪

轻轻地落在草丛中
月亮是怎样深深地爱着太阳呦
可惜这"美丽"的爱情故事
还没开始便已结束

雨
赵海文

雨是大自然伟大的演奏家
当乌云帮他拉开阳光的幕布
演奏就开始了

小草,是合唱团
当雨敲响第一个音符
小草们就立刻欢快地歌唱

大树,是鼓乐手
当雨的演奏达到高潮
大树们就打起了沉闷的鼓

乡村,是背景音乐
当雨播撒过那一根根庄稼
人的欢呼,狗的吠叫,韵味千重

雨的演奏时间太短
还未陶醉其中,乌云早已落幕
只有湖水还荡漾着微微的波痕

课前小故事的故事

为了锻炼学生的演讲能力,从六年级开始,我们的语文课增加了"三分钟演讲"的环节。按照学号顺序,每节课开始之前由一位同学讲一个小故事,题材自选,长短随意。通常都是一人讲,全班听。进入七年级后,学生们的课前小故事悄悄发生了变化。

这种变化源于毓琪同学。那次,他讲了"桐叶封弟"的故事,讲完之后,他说:"这个故事发生在今天的山西,我想再给大家科普一下山西……"接着毓琪同学讲了"晋商"的传奇以及"山西曾是中国最富有的一个省份"的历史。我忍不住接了毓琪的话,向学生提到了山西籍的著名主持人柴静,以及她在《看见》一书里提到的山西现状。班级里有些同学瞪大了眼睛,显然这些内容是他们之前闻所未闻的,还有一些同学很兴奋地争着要发言,最终在你一言我一语中,大家知道了关于山西的许多掌故。

于是,此后的课前小故事环节,由原本"我讲你听"的状态变成了"讲完故事我再说几句",或是"大家都来说几句"。

一

东东同学国庆长假期间去了一趟比利时布鲁塞尔,于是他就以"我看到的布鲁塞尔大广场跟课文里的有什么不同"为题做了一次小演讲。

他说，天鹅咖啡馆的墙上挂着马克思的画像，同时也挂了各种造型的狗狗的画像，这是课文里没提到过的……

全班同学听了哄堂大笑。我问他们为什么笑，他们笑而不语。

后来，有一个同学站起来说："其实，这个没什么好笑的，在很多欧洲人心目中，狗狗是非常可爱的动物，他们都很爱狗，英国就有专门的狗狗咖啡馆……"

我说："是呀，在我们的文化中，狗狗往往是不登大雅之堂的，很多带有'狗'字的词语都不大好，比如狗仗人势、狗眼看人低……，如果你们用爱狗狗的欧洲人的眼光去看这些画像，可能就不觉得可笑了。"

最后，我们达成共识：旅行的意义就是走出门去，看看别的地方的人是如何思考、如何生活的，了解然后理解并接受，这样，我们可能会更爱这个丰富多彩的世界。

二

一次，锴成同学讲了爱迪生的竞争对手尼古拉·特斯拉的故事，他准备得很充分，将特斯拉一生在科学发明中的功绩都列举了出来，包括很多数据。并且，他还叙述了特斯拉和爱迪生的争斗。

听过之后，有同学质疑："锴成同学刚才讲的那些事，好像跟语文没啥关系呀。"

我说："同学们，学语文的目的，在于提高我们听说读写的能力，如果可能的话，也许还会帮助我们塑造三观。现在，锴成同学讲我们听，大家一起讨论，都表现出对真正的科学家的敬仰，以及对沽名钓誉者的不屑，这不是都跟语文有关系吗？"

有同学说："以前在小学课本里读到的都是爱迪生的正面故事，早就把他当成了偶像，现在听了这些，感觉三观被颠覆。"

我说："这说明，如果我们知道的事实越多，就越不容易被忽悠。锴成同学没有特意去颠覆什么，他只是把事实告诉我们，至于如何去判断，那是我们自己的事。记住，做判断之前，一定要有事实做依据，还有，这些事实一定要有可靠的来源。"

三

还有一次，一位学生讲了这样一个故事。一个小孩因为患小儿麻痹症无法正常走路，所以对自己很失望。一次他的爸爸让他和兄弟们一起栽小树苗，这个孩子选了一棵最小最弱的树苗胡乱栽了下去，也没心思去照顾它。但是不久，他惊奇地发现自己栽的小树苗居然长出了青青的叶子，于是爸爸夸奖孩子真能干。孩子受到了鼓舞，从此做什么事都很振作。结尾，当然，大家都猜得到，孩子偶然间发现，原来是自己的爸爸每天夜里偷偷给那棵小树苗浇水施肥。爸爸的爱心成就了儿子。这个孩子就是罗斯福。

听了这个故事，有个同学面露不屑，说："我觉得这个故事是假的。"我问他为什么这么认为，他说："我也不知道，只是感觉这个故事很俗套，跟心灵鸡汤似的。"

他的话让全班同学都笑起来，我不置可否，乘机鼓励全班同学自己想办法去查证这个故事的真假。第二天上课的时候，很多学生都带来了自己从某某百科全书、某某词典上查到的相关资料。

有一个学生向全班举证："罗斯福生于1882年，患脊髓灰质炎，俗称小儿麻痹症，得这种病的人里面小孩比较多。但是，我查到罗斯福总统的患病时间是1921年，那一年他39岁。所以他不可能在小时候因病不能走路。我想，肯定是很多人一听小儿麻痹症，就以为他是小时候得病的吧……"他收获如雷掌声。

四

最近的一次课上，思睿同学因为忘记提前准备，所以即兴讲了一个故事。故事的大意是两个小牧童到山里，偶然间发现了两只小狼崽，于是他们抓住小狼崽，分别藏在两棵树上，等狼妈妈回来后，他俩就扭小狼崽的耳朵，让它们发出凄惨的叫声，狼妈妈发疯似的在两棵树中间跑来跑去，最终力竭而死……

思睿同学讲这个故事的时候全班同学已经按捺不住自己的情绪了，皱眉的，做鬼脸的，窃窃私语的。等他一讲完，全班最调皮的杨杨同学立刻拍案而起，大声说："真的不能忍了！这两个小孩怎么这么无聊，你要放牛就放牛好了，没事抓小狼崽干吗？还把狼妈妈活活折腾死，这这这，这也太闲了，不！是太坏了！"

其他同学都表示赞同，童童同学说："如果这事有个起因，也许可以说得通，比如这个狼妈妈把牧童他们家祸害得够呛，所以他们俩是来报复的。"

立刻有一个同学站起来说："那也不对！如果狼妈妈做了坏事，就应该直接报复狼妈妈，那才叫正当防卫，可是牵扯了两只无辜的小狼崽，就太残忍了！"

有个孩子说："对呀，当年以色列的摩萨德追击逃跑的纳粹战犯，也从来没听说过他们对战犯的家人和后代进行报复哇。"

…………

我静静地听着他们的讨论，心中感慨万分。这个班级的男生居多，顽皮捣蛋的事每天都不少，被很多老师称为"四十几颗小炸弹"，平时也没少被我修理。但是此刻，我承认我喜欢他们，这是四十几个有思想、有善心、有正义感的孩子。我希望，也相信他们将来能一直记得这节课上自己的发言，守住做一个好人的底线。

英子老师的记者招待会

在一次口语练习课上，我对学生说："今天我们要做一个主题为'成长的故事'的谈话节目，首先要选一位嘉宾——"

话音未落，学生指着我异口同声："英子老师！"

我笑着答应："没问题。"

于是，本期谈话节目变成了我的记者招待会。

请看现场——

学生记者甲提问："请问殷老师，您小时候都玩些什么？最喜欢玩什么？"

我答："我小时候什么都玩过，最喜欢的是布娃娃，但是爸爸觉得玩布娃娃是很没出息的，于是他给我买了一大堆智力玩具。可是，对于一个孩子来说，喜欢永远都比应该更重要，所以，我锲而不舍地玩——从小泥人到自己缝的小布人再到后来的芭比娃娃。我觉得，玩布娃娃并不像爸爸认为的那样对我无益，至少我学会照顾布娃娃，后来不用老师教就会照顾自己的儿子呀！"

学生大笑。

我又说："更重要的是，通过疼爱一个小娃娃，我感受到爱和被爱同样幸福。"

学生点头。

学生记者乙提问："请问殷老师，您是否也经历过失败？能否讲讲让您最难忘的一次失败经历？"

学生窃笑。

我脸都不红地回答："当然，只要是人就肯定经历过失败，我觉得，我应该是个人，而不是九天仙女下凡尘。"

学生大笑。

我接着说："最难忘的一次失败经历就是那一年中考失利，我没考上最向往的重点高中，而更令我觉得没面子的是，我的竞争对手却考上了。"

学生又笑。

我继续说："我那时有一种没脸见江东父老的感觉。虽然我可以为自己的失败找到很多理由，比如初中时我曾经被迫辍学半年，比如我们那所乡村学校教学质量很差，几乎没有应届毕业生能够考上高中，但是，失败就是失败，无论说什么都不能改变现状。因此，最明智的就是什么都不说。那时，我的班主任老师帮助了我，她没有给我讲很多道理，只是帮我办妥了复读的手续。我在那一年里发奋读书，然后，第二年以超过录取分数五十多分的成绩考上了那所重点高中。"

学生肃然。

学生记者丙提问："请问，父母说过的话里，您对哪句话最反感？"

我答："最反感的就是那一句：你看别人家的孩子……"

学生又笑。大家刚学过秦文君的《表哥驾到》，跟文中那对难兄难弟真是心有戚戚焉哪！

我接着说："一听到妈妈说这种话我就会想，既然你那么喜欢别人家的孩子，干吗还要生我呀！所以，我经常跟妈妈顶嘴。但是，当我自己有了孩子后，我才有点明白妈妈说那种话的时候恨铁不成钢的心情，她不是更喜欢别人家的孩子，相反，是因为更在乎我，她才会那样说。只不过，作为孩子，听到那样的话是很伤自尊的，所以，我做了妈妈之后，就从来没有那样说过我的孩子。"

学生记者丁提问："请问殷老师，您是否遇到过很讨厌的老师？您是怎么想的？"

我答："很讨厌的老师——当然有！我曾经遇到过一个对我不太友好的班主任。原因很可笑，那个老师跟我爸爸原本是好朋友，但是两个人因为对社会上很多事情的看法不同，经常吵架，结果伤了和气，那个老师看我不顺眼，其实大多数是出于对我爸爸的不满吧。所以，那个时候我非常讨厌他，觉得他小肚鸡肠、公报私仇。"

学生追问："想过报复他吗？"

我回答道："当然！我那时天天都在想怎么报复他，比如我想得最多的就是，我一定要考上大学，然后，我回母校看望所有的老师，唯独不理睬他！"

学生大笑。

我继续说："后来我考上了大学。大二那年，我放假回母校看望老师，当我看到教过我的老师，包括那个班主任，他们那又惊又喜的样子时，我觉得很温馨。我长大了，老师们也老了，那个班主任的头上甚至生出了白发。他一直很关切地问我爸爸的情况，我相信他是真诚的，曾经的不愉快就那样烟消云散。我想，也许以前是我把一些事看得太严重了，所以才会有那么多想法，可能事情并不是我想的那个样子。所以，我觉得，一个人的心胸能够决定他的世界的宽度，而时间真的能够解决很多问题，包括怨恨。在那一刻，我也明白，我所做的一切，都是为了让自己生活得更好，而不是为了报复谁，或者向谁证明什么。"

…………

来来来，查字典

每接手一个新班级，我都会发现有很多学生没有主动查字典的习惯，而且他们也不随身携带字典。遇到不会读或者不知道意思的字，往往就呆呆地看着老师，好像等着投食的小鸟。

这个时候，我也看着他们，故意不说话。我知道，小学老师一定要求过他们遇到不认识的字要查字典的。我跟一些教小学的同行了解过，他们在一年级下学期就学习了如何查字典，有的学校会统一购买最新版本的《新华字典》给学生使用。也就是说，整个小学阶段，字典应该是他们学习语文最重要的助手。

可是，为什么进了初中，他们却想不起来要用字典了呢？莫非觉得自己的识字量已经足够大，或者觉得猜词义的本领已经足够强，用不着工具书了吗？

我是不会直接告诉学生答案的。如果他们身边没有字典怎么办呢？我会提要求："自己回去查一查，下节课来看看谁能告诉大家这个字的读音和意思。"

为了一个字，我宁可把相关内容放到下一节课去讲。对我而言，这不是小事，而是一个原则问题——要想培养学生对语言的敏感性，就要从一个字音、一个词义开始。再说，学习不能习惯性地等着别人来教，一定要自己想办法去解决问题，而学会主动解决问题，就要从查字典开始。

下节课，总会有些学生查了字典，兴高采烈地来分享，也会有些学生因为"忘记了"，或者根本没当回事，继续等着别人告诉自己答案。

我不批评后者，但是，我会大大地表扬那些主动查了字典，而且能够跟别人分享的学生。这样一来，我发现越来越多的学生手边出现了《现代汉语词典》《古汉语常用字字典》之类的工具书，我当然会让他们有用到这些工具书的机会，借助工具书解决小难题的自豪感和满足感，会成为激发他们坚持下去的动力。

有一次学生阅读古文《楚庄王莅政三年》，里面有一句话："不飞不鸣，将以观民则。"

我请一个学生说说这句话是什么意思，恰好这个学生不清楚"则"字在这句话里的意思，他又没有《古汉语常用字字典》，处境很窘迫。我看到旁边的学生已经开始哗哗地翻字典，就请一个找到释义的学生站起来帮他把这个词语的义项一条一条地读出来。于是，这个同学由做"无米之炊"变成了做选择题，处境似乎没那么窘迫了，不过他还是有些紧张地听着同学的朗读，逐一排除错误答案。结果呢，他发现所有的答案都被排除掉了，于是只能再来一遍……

我相信这件事对他的触动比我批评他几句都要大，因为，下一次上课时，我发现他的手边也有了字典。

而今，学生们往往不等我提示，发现自己有不认识的字词就能立即查字典，课堂上最常见的景象就是全班一起哗啦啦地翻字典，以及同学们热火朝天地争论某个词的义项究竟是哪个。

这个时候，我一般不参与讨论，我会在旁边听着，给他们的争论加油，点火。

还有一次学习叶圣陶老先生的《苏州园林》，文章里说："倘若要我说说总的印象，我觉得苏州园林是我国各地园林的标本。"

有个学生敏锐地发现"标本"这个词语很有意思，因为在他的经验中，这个词语一直指的就是展览在橱窗里的动物或植物的样本，并不用在这种语境中。于是他去查《现代汉语词典》，知道了"标本"这个词语有"在同一类事物中可以作为代表的事物"的意思，他很骄傲地把自己的发现告诉全班同学，我对他表示赞许，然后追问了一句："也就是说，'标本'具有最一般，最有代表性的意思，对吗？有人说，这个词可以用'典范'来替换一下，你们怎么看？"

又是一阵哗啦啦翻词典的声音，很快有学生举手说："'典范'的意思，是指可以作为学习、仿效标准的人或事物，跟'标本'一样，都是说苏州园林很好，值得全国各地的园林学习，我觉得应该可以替换。"别的同学纷纷点头。

我说："哦，我想问一下，你们觉得班级里哪位同学可以称得上是全班同学的典范？"

学生们大笑，纷纷推举，一通讨论之后，一个胖乎乎的男孩被推选出来，为什么他能成为典范呢？大家七嘴八舌列举他的优点："他为人大度，不计较。""他对人特别好，肯帮助别人。""他学习的时候特别专注和认真，每一门学科成绩都是最好的。"……

我又问："这就是说，因为他有这些优点，所以他成了大家学习的榜样。换一句话说，也就是他身上具有的很多优点，可能是各位有的，也可能是各位所欠缺的，对吗？那么，你们觉得，他是不是可以称作咱们班的'标本'呢？"

全班哗然。等他们的笑声渐渐低下来，我问他们刚才为什么笑，他们告诉我，他们懂了，如果这位同学是班里的"标本"的话，就意味着他身上既有全班同学的优点，也包括缺点，而"典范"则偏重具有突出的优点，是榜样，让这位同学做"标本"，有点不公平！

谈笑间，我们厘清了词义，也更理解了叶圣陶老先生用词之分寸。

这次查《现代汉语词典》，学生还惊喜地发现"标本"一词的第三个义项举的例句就是课文中的这句话，这样一来，这帮孩子突然对叶圣陶老先生很感兴趣。因为在字词典里找不到答案，他们只能问我："为什么叶圣陶老先生文章里的句子能进词典当例句？他很厉害吗？"

我当然不会直接告诉他们答案。我一如往常地说："自己去能查到的地方查一查。"

而我早准备好了《辞海》中相关的词条，以便印证他们究竟到哪里去搜索叶圣陶老先生的相关信息。

估计下次微缩版的《辞海》也会出现在教室里了。只希望他们遇到难题时不要只会问"度娘"。

关于写作，我更看重的

在作文教学中，我会教学生一些写作的技巧：命题作文开头怎样写既能扣住标题，又能为下文设置关键语句；如何换一种叙述的顺序，让文章跌宕起伏更好看；如何运用插叙，让文章内容丰富……。但是，我一直认为，这些技巧性的东西是很容易学会的，它们只是锦上添花，而不是作文的根本。如果作文中只有技巧的展示，就会流于文字的堆叠，或曰"美丽的文字僵尸"，这不可取。我更看重的，不是文字的技巧，而是作者究竟想借助文字表达什么思想，作者是否在文字中充分展现了自己真实的所思所想，以及这种所思所想是否符合一个人该有的底线。

最近，我给两篇学生作文打了满分，其中一篇是题为"我有一个梦想"的演讲稿，这个学生在作文里写了她对巴黎圣母院失火这件事情的看法：

距离巴黎圣母院塔楼被烧毁已经过去约一年了，那时我打开热搜，第一条映入眼帘的评论是"普天同庆！终于烧毁了！"以及类似这样的言论。当然，这些人也有自己的解释，大多认为这是外国列强入侵时烧毁圆明园的报应之类。但还有一些人在幸灾乐祸，这让我感到非常痛心。再后来，有些同学在观看被原子弹轰炸后的日本幸存者的含泪回忆时爆发出一阵阵大笑；抗议示威期间人们对除本国外的其他国家毫无保留地嘲笑指责。每当我想起这些事，我都会觉得心寒。我希望可以通过这次演讲，来阐述一个也许无人认同的梦想。

"人类命运共同体"是我最喜爱的语句。纵观历史，在交通并不发达的过去，中国四大发明的出现给世界各地的人们带来便利。而工业革命后，尽管中国接触到了机器，但"二战"时，全世界都被卷入了战争中，就连侵略国也千疮百孔，这就是一荣俱荣、一损俱损的"人类命运共同体"的表现。历史只是警示，不是我们用来"复仇"的，人类是需要互相扶持着生活的。既然如此，有什么理由排外呢？圆明园和巴黎圣母院都是人类的文化瑰宝，是人类的祖先赠予的能让人从血液里歌颂的美丽的古老建筑，它们更是代表了一个时代的历史。这不仅是一个国家的骄傲，也是全人类的骄傲，它的毁灭使全世界痛心。过去掠夺圆明园的人一定会在临终前忏悔自己的所作所为，而对人类瑰宝不屑一顾的人，也不会受世人尊重。

我希望有更多人能意识到国家与国家之间的联系，既然我们共同站在一片土地上，就应该共同走下去。我梦想着某一天能够有更多人意识到这一点。

另一篇是题为"那一次难忘的旅行"的游记，学生在文中记述了她去西安看兵马俑的经历：

早在出发前两周，我就查了相关资料及旅游攻略。兵马俑有众多称号，"20世纪中国最重大的考古成就"之一，"世界十大古墓稀世珍宝"之一，还有"世界八大奇迹"之一等等。参观过兵马俑的游客更是大呼其如何壮观，如何珍贵，制作如何精良，这就令我越发期待了。

我与爸妈当天乘飞机抵达西安，第二天一早便兴致勃勃地来到秦始皇兵马俑博物馆，排队进入展馆。展馆内部是有人数限制的，得分批进入，每队有一位讲解员。我们这队还未进展区，讲解员就已开始滔滔不绝地讲述兵马俑的历史了，我紧紧跟在她身边认真地听着。

终于轮到我们入馆了。讲解员话锋一转，道："好，首先我们进入的是一号坑，这是馆内最让人震撼的一个坑了。大家可以看到，这是个东西朝向的长方形坑，长230米，宽62米，总面积有14260平方米……"不少人还未曾好好欣赏，就迫不及待地掏出手机拍照。我却没有动，仿佛感受到秦朝军阵的宏大气势，不禁赞叹古代劳动人民的智慧与力量。不知这得耗费多少人力、物力及财力呀！我们向前走着，解说还在继续。

"成千上万的人们参与了墓室的修建。但是秦始皇死后，继位的秦二世在埋葬秦始皇时下令用大量兵马殉葬，把修建墓室的所有工匠闷死在墓室里……"

什么？！听到这里，我愣住了。工匠们尽心尽力地为皇帝修墓，最后……竟全被闷死了？他们为君主效力的代价竟是失去自己的生命！

"这真是太壮观了！"

"快来给我和兵马俑合个影！"

"秦始皇下葬的阵势可真大！"

诸如此类的声音不绝于耳。我忍不住四下望去，他们……难道没有听见这段话？没有意识到秦二世的残暴导致了多少无辜者的死亡吗？只是一味地录像拍照，感慨场面的壮观？极少的几个有些反应的，或是皱了皱眉，或是感叹一句，随即，又被这华丽的场面给吸引过去了。

后面的讲解我听得有些心不在焉，千人千面的兵马俑也只是匆匆一看就过去了，这做工再怎么精细，代价也是上万人的生命啊！想想那些只知感慨只追求华丽的人们，只留下可悲与可笑了。

难忘那次旅行，难忘那些和兵马俑一起陪葬的工匠们，如果这片壮观背后的代价是那么多人的生命，那我宁可不要这一片宏伟！

我不但给这篇游记打了满分，征得作者同意后还在朋友圈里发了这篇游记，表扬这个学生独立思考的能力和悲悯之心。她的妈妈在我的朋友圈留言说："看完文章顿觉惭愧。难怪那次参观结束之后她跟我说：

'妈妈，以后不要带我来看这类博物馆了！'我竟一直误会她看不懂这段历史。原来，她竟有如此强烈的感受。感谢老师赋予孩子们理解生命的慧眼和心地。"

后来，这位妈妈在微信里跟我说，她的女儿平时不太善于口头表达，所以，在妈妈心目中，女儿一直是个什么都不懂的孩子。这次她突然发现女儿竟然有这么多想法，很吃惊也很欣喜，她第一次觉得作文这么有意义，因为作文给了女儿表达的机会，也给了她了解女儿内心的机会。

我认为这位妈妈的话恰好道出了写作的价值。写作的根本目的不就是表达自己的所思所想吗？假如失去思想这一灵魂，再绚烂的文字也是死的。作文能体现出独立的思考，体现出悲悯之心，这对于一个孩子来说是非常可贵的事。尽管他们的写作技巧和语言表达并不成熟，但是给他们的作文打满分，也不为过。

"下水"的魔力

在作文教学中,我有"下水"的习惯,就是在学生写作文的时候,自己也跟他们同时下笔写一篇。在写之前,我会告诉学生"老师也要写作文啦"。于是,学生们往往会很兴奋,写得也格外投入,因为他们觉得自己是在跟老师进行一场比赛。对于初中阶段的学生而言,"比赛"往往更能挑起他们的好胜心和特殊的兴趣——倒是没有人质疑我既当裁判又当运动员有什么不公平。

事实上,即使题目是我事先知道的,结果也常常一言难尽。有的时候因为太想与众不同,所以写了好几篇都不能让自己满意,正应了眼高手低的老话。当然,还有的时候,无论我怎么写,都不如有些学生的文字生动鲜活,只能快快认输。

总之,跟学生一起写同题作文的习惯,让我更能看到一些学生可贵的能力,真心地肯定他们,因为有些事情"你能做到,而老师做不到"。同时,对于学生写作中的一些问题多了些理解,我懂得为什么有些学生常常关注不到题目中的关键词,懂得为什么一些学生明明拥有很多鲜活的材料,下笔却常常往最平庸但也最保险的路上走,更懂得一些学生明明心里有想法却不能用最准确的语言表达的苦恼……

懂得,也就谅解他们了,也就能够有的放矢地去帮助他们解决问题,而不再是事不关己高高在上地评判。

比如,对于一些学生写作时最苦恼的无话可说的问题,我喜欢用跟他们聊天的方式来解决，因为在看似漫无目的的聊天中，学生会很放松，于是就很自然地说出很多平时隐藏在内心深处的故事。

一次，有个平时很乖的学生跟我讲起她以前一直有的一个念头，就是离家出走。为什么呢？因为她从小是奶奶带的，回到妈妈身边之后，她仍然觉得奶奶最亲，而妈妈是陌生人，跟一个陌生人朝夕相处让她不自在，所以她一直想要逃离。当然，她没有离家出走，也没有跟妈妈讲过这种想法，因为妈妈知道了一定会伤心的。但是，她说："如果将来我自己有个小孩，我绝不会丢给别人去带，在小孩子的心里，妈妈的陪伴是任何人都不能取代的，不然在感情上一定会有个遗憾的缺口。"

一个学生跟我说他妈妈一直很爱美，他很小的时候跟妈妈出去逛商场，妈妈竟然因为贪看一支口红差点把他弄丢了。后来，他到上海来读初中，妈妈辞职来陪读，还努力学做菜，差点切掉手指头。总之，妈妈对他呵护备至。有一次妈妈要他陪着一起逛商场，他忙着复习功课就拒绝了，但是，当他发现妈妈的落寞后，又主动提出一起出去，他说看到妈妈灿烂的笑脸，心里很感慨。他说妈妈也有她自己的一个世界，但是为了儿子，她按捺着自己，却未必是真的快乐。"我现在就是想尽自己的努力让妈妈快乐，就是这样。"

一个学生说她小时候爸爸妈妈忙着做生意，就把她送到寄宿学校里，她双休日回来一个人孤零零地在家，深更半夜不敢睡觉等着爸妈回来，那时候她一直有一种被父母抛弃的感觉。后来五年级时开始走读，妈妈每天骑着电瓶车接送她上学和放学，一路上都趴在妈妈背上，感觉很温暖。她最喜欢跟妈妈聊天，她说自己学校里的事，妈妈说自己生意上的事，于是，她开始了解也理解了自己的妈妈，然后，她才懂得原来只有血缘关系是不够的，母女间的亲情也需要交流和呵护。

听着这些故事，我惊叹："天哪，这是多好的素材呀，如果能写出来，得感动多少人哪！"

学生会心而笑。是呀，生活里鲜活的资源已经写之不尽，何必要费尽心力去编造呢！于是，随着类似的"聊天"越来越多，学生作文中"套路化""编故事"的现象越来越少，直至没有。

因为有这一份理解，我给他们的作文评语不太按套路来，甚至不像评语，没想到这反而更受学生的欢迎。一个学生写"心中的桃花源"：

每每当我失眠，睡不着觉的时候，便在"狗窝"里聆听老化水龙头中的水滴"滴答"掉落的声音，突如其来的一声猫叫，不知从何而来的"沙沙"声（也许是老鼠在搬东西吧），以及外婆忽重忽轻无规则的鼾声，虽然有时会觉得吵，但现在想来，都是因为她太累的缘故吧……

我点评：

小作者有一双音乐家一样的耳朵，能够捕捉到生活中种种微妙的声音，真好！……本文语言虽淡，可是我看得出你懂得心疼外婆了，这种成长才是最珍贵的。

一个学生在作文"人在旅途"中说：

世界上的许多人都挣扎于欲望都市，生活总是被无尽的名利左右，于是思想与心胸慢慢变得狭隘。或许有那么一天，他们得到了梦寐以求的名和利，但失去的可能是宽广的胸怀和生活过程中简单的快乐。

所以，我希望自己可以成为一个潇洒的旅行者，走走停停，停停走走，让思想跟随脚步前进，在漫漫旅途中体味生命的意义。

我在后面给她批注：

"欲望都市"一词用得好，司马迁在《史记·货殖列传》中写："天下熙熙，皆为利来；天下攘攘，皆为利往。"人正是因为有了太多关于身外之物的欲望，所以"思想与心胸慢慢变得狭隘"了。"让思想跟随脚步前进"，言简意赅，意味深长。

在一个女生的作文"逝去的风景"后面，我写了这样一段话：

傅蕾的很多文章，都以含蓄而到位的语言见长。她似乎总是在不经意间或叙述事实，或轻轻叹息一声，却让你不由自主地迷失在她营造的情感氛围中。比如，她说弄堂里的人们"每天在这样的环境中进进出出，便认定了这里，如同那些上了年岁的公公婆婆，一生住在这里，也就把心安放在这里了"。她感叹失去的弄堂生活："我无法想象，曾经安定于弄堂的一颗心，将飘向何方？"还有结尾那句"我仿佛影影绰绰地看见，我在夕阳下愉快玩耍的身影渐行渐远"。这些句子都有着令人无法抵挡的魅力。当然，这篇文章如此动人，还要归功于那无处不在的极具怀旧色彩的细节，从那有着"小广告被撕去的淡淡的痕迹"的砖瓦房，到"从薄薄雾霭中走来"的拉黄鱼车的送牛奶人，从"本在一边拣菜、洗衣的邻家奶奶也会眉开眼笑地走近帮我们数数、加油"到"这时老板或老板娘多半是在店外搓麻将，也不看我，让我自己拿走喝"，这些富有浓浓人情味的弄堂生活场景，令我这个没有此类生活经历的人也倍感温馨。我想，有过跟她一样经历的人，一定会因为这些语句而落下泪来吧。

我不吝于这样夸奖学生，因为我知道，相较于一般意义上的作文批改，这种理解和肯定可能会成为一种更高层次的交流和教学相长。

此外，我的学生往往更有勇气也更有能力跟老师"过招"，他们也可以成为老师作文的点评者、批评者，就像武林中人切磋武功。对于教师而言，让自己的文字接受学生点评可能比单纯地"下水"更需要勇气，因为你无法预料童言无忌的学生会说出什么样的话。但是，对于我们老师而言，这是一个非常有意思的过程，能让学生的主动性得到激发和尊重，让他们体会到"我也可以"的自信。我们曾经公开出版过一本师生文集《跟老师过招》，学生陈晓佳在后记里记下了我们上作文课的精彩情形：

一般的作文课通常是如此：要么写作文，要么就是把本次好的作品读一下加以分析。但平时我们的作文课不是这样。

殷老师是一位爱写作的老师，她经常会和大家分享她自己的作品，她在分析我们作文的时候，也读一两篇她自己的作文，文章主题或范围和我们的作文差不多。最后，再叫同学对她的文章加以评论。

譬如，一节语文课上，老师在黑板上写下了作文的话题"沟通"后，便径直走向教室后排，找了一个空位坐下，打开作文本，与大家一起写作文。写好后，她立即把文字输入电脑，并打印出七份，分别发给七个小组，让每个小组成员对老师的文章进行点评。

那次，她的作文题目叫"窗外"。同学们对此"工作"一向十分积极热情。文章传至我手中时，早已面目全非了（我坐在中后排）。同学们在文章上圈圈点点，好的加以赞美，对不恰当的和需要改进的句子加以质疑和建议。有的同学的点评写得洋洋洒洒，足有三百字！有的同学的点评短小精湛，各个字眼击中要害！最后在评语旁，得意自豪地签下自己的大名……

原以为老师只是让我们练一练阅读和点评，但是在几天后的作文讲评课上我们竟然又拿到了老师印发的原稿与修改稿的"对照版"，原来，老师是在用自己的文章告诉我们如何去修改一篇作文，这种示范真是胜过千言万语！

就这样，在与老师的"过招"中，我们更会分析文章与修改文章了；而老师呢，因为听取了众人的建议，文章也写得越来越好了。

让我们在"过招"中共同提高吧！

狐狸一定是"狡猾"的吗

我点击鼠标,屏幕上一下子跳出一只尖嘴猴腮的卡通小狐狸,然后又有几只老狐狸以及中狐狸接二连三地跳出来,学生看了都大笑起来。待他们笑得差不多了,我问:"看到这些狐狸,你们都想到了什么词语?请说说看。"

学生争先恐后:"狡猾!""阴险!""老谋深算!""诡计多端!"……

我把这些词语用很大的字号写在黑板上,教室里沸腾的声音渐渐低下去了,我好像还觉得不过瘾,问:"还有吗?"学生摇头。

我又问:"那么,你们为什么用这些词语形容狐狸呢?"

越越回答:"狐狸和乌鸦的故事就是这么说的。"

浩浩补充:"还有狐狸吃葡萄的故事!"

"狐假虎威的故事!"……孩子们争先恐后地说着他们读过的狡猾的狐狸的故事。

我笑眯眯地说:"哦,大家说得都不错,这些故事老师也都读过。不过,我记得《西顿野生动物故事集》里还有个泉原狐的故事!"

看到孩子们有点茫然的神情,我说:"建议大家读一读这本书,看看那里面深爱着孩子的狐狸妈妈是否会打动你。还有一部日本电影,叫《狐狸的故事》,里面的狐狸爸爸妈妈既慈爱又坚强。还记得迪士尼有部动画片叫《狐狸与猎狗》,里面的小狐狸陶德纯真聪慧、忠于友情。还记得我们中国有部《聊斋志异》,里面有一大群狐狸仙女,几乎都是聪明伶俐、美丽善良、敢爱敢恨……。现在，我们再来看看，仅仅用狡猾二字来形容狐狸，是不是太片面了呢？"

看着同学们若有所思地点头，我又问："那么，你们知道老师举这个狐狸的例子是要告诉你们什么吗？"

徽徽说："我知道了，人有好有坏，狐狸也一样。"

慧慧说："老师想告诉我们看一个人不能太片面！"

我点头："说得太好了！我再补充一下慧慧的话，因为经验的缘故，我们的头脑常常会被限制在某个框框里，所以看待事物的时候就会显得很片面，但生活是丰富多彩的，我们需要时不时让自己的头脑跳出这个框框，才能有更多鲜活的想法。"

看到学生已经明白我的意思，我趁热打铁，用幻灯片展示了一组雪、月亮、大海、小草的图片，让他们挑选一样自己感兴趣的事物说说想到了什么。学生凝神思考了一会儿，就有很多人高高地举着小手急不可待地要发言了。那场面极其热烈，他们的发言如下：

说雪：

1. 水至清则无鱼，雪至白就容易被污染。
2. 雪的美过于冷艳，让人不易亲近。
3. 雪虽然看上去只有白色，其实却有丰富的色彩和内涵。
4. 每一片雪花都是不可以重复的。

说月亮：

1. 月有阴晴圆缺，正如人生。
2. 月亮是悲哀的，因为它本身毫无光彩，只有借着太阳的光展示自己的存在。
3. 月亮将炽热的阳光借来变成幽冷神秘的月华，生成了一份独特的美。

狐狸一定是"狡猾"的吗

我点击鼠标,屏幕上一下子跳出一只尖嘴猴腮的卡通小狐狸,然后又有几只老狐狸以及中狐狸接二连三地跳出来,学生看了都大笑起来。待他们笑得差不多了,我问:"看到这些狐狸,你们都想到了什么词语?请说说看。"

学生争先恐后:"狡猾!""阴险!""老谋深算!""诡计多端!"……

我把这些词语用很大的字号写在黑板上,教室里沸腾的声音渐渐低下去了,我好像还觉得不过瘾,问:"还有吗?"学生摇头。

我又问:"那么,你们为什么用这些词语形容狐狸呢?"

越越回答:"狐狸和乌鸦的故事就是这么说的。"

浩浩补充:"还有狐狸吃葡萄的故事!"

"狐假虎威的故事!"……孩子们争先恐后地说着他们读过的狡猾的狐狸的故事。

我笑眯眯地说:"哦,大家说得都不错,这些故事老师也都读过。不过,我记得《西顿野生动物故事集》里还有个泉原狐的故事!"

看到孩子们有点茫然的神情,我说:"建议大家读一读这本书,看看那里面深爱着孩子的狐狸妈妈是否会打动你。还有一部日本电影,叫《狐狸的故事》,里面的狐狸爸爸妈妈既慈爱又坚强。还记得迪士尼有部动画片叫《狐狸与猎狗》,里面的小狐狸陶德纯真聪慧、忠于友情。还记得我们中国有部《聊斋志异》,里面有一大群狐狸仙女,几乎都是聪明伶俐、美丽善良、敢爱敢恨……。现在，我们再来看看，仅仅用狡猾二字来形容狐狸，是不是太片面了呢？"

看着同学们若有所思地点头，我又问："那么，你们知道老师举这个狐狸的例子是要告诉你们什么吗？"

徽徽说："我知道了，人有好有坏，狐狸也一样。"

慧慧说："老师想告诉我们看一个人不能太片面！"

我点头："说得太好了！我再补充一下慧慧的话，因为经验的缘故，我们的头脑常常会被限制在某个框框里，所以看待事物的时候就会显得很片面，但生活是丰富多彩的，我们需要时不时让自己的头脑跳出这个框框，才能有更多鲜活的想法。"

看到学生已经明白我的意思，我趁热打铁，用幻灯片展示了一组雪、月亮、大海、小草的图片，让他们挑选一样自己感兴趣的事物说说想到了什么。学生凝神思考了一会儿，就有很多人高高地举着小手急不可待地要发言了。那场面极其热烈，他们的发言如下：

说雪：

1. 水至清则无鱼，雪至白就容易被污染。
2. 雪的美过于冷艳，让人不易亲近。
3. 雪虽然看上去只有白色，其实却有丰富的色彩和内涵。
4. 每一片雪花都是不可以重复的。

说月亮：

1. 月有阴晴圆缺，正如人生。
2. 月亮是悲哀的，因为它本身毫无光彩，只有借着太阳的光展示自己的存在。
3. 月亮将炽热的阳光借来变成幽冷神秘的月华，生成了一份独特的美。

4. 海上生明月，天涯共此时。月亮一视同仁地用她的光华抚慰着分散在天涯海角的游子，安慰他们思乡的心灵。

说大海：
1. 胸怀宽广，包容一切。
2. 是温柔还是凶暴，取决于风，而不是大海本身。
3. 凶险神秘，经常激起人们去冒险的欲望。

说小草：
1. 每棵草都可以开花，都有存在的价值和生命的尊严。
2. 如果你是小草，就不要想变成大树，但你可以使自己的生命焕发出草的独特光彩。
3. 野火烧不尽，春风吹又生。草是世界上最柔弱的又是最坚强的。
4. 墙头草，随风倒。
5. 狂风刮过，大树往往容易折断，而柔软的小草因为能屈能伸，却可以自保。

大家的发言精彩纷呈，我听得乐不可支，又说："你们说得太好了！如果写出来，肯定每种想法都会成为一篇精彩的文章呢！想不想试试？"

看到有些学生露出"难为我了"的表情，我笑道："殷老师这里有几个写雪的片段，咱们一起来看看吧。"

下一张幻灯片上，出现了这样几段文字：

这也许是我一生中见过的最大的一场雪了。早上出门时，妈妈说："雪太大了，路肯定很难走，你还是别去上学了。"可是我倔强得很，到底还是出了家门，踏上了，不，是"陷入"了上学的路。刺骨的寒风像刀子一样割着我的脸，睫毛上很快就结了一层冰霜，我眼前的世界白茫茫的一片。在没膝的大雪中艰难地往前挪动着脚步，每一步都重如千钧，看看身后，风卷着雪花很快把我好不容易才留下的脚印掩盖得无影无踪……。我有些后悔没有听妈妈的话，可是我也知道如果此时退回去那么我前面的努力就全部白费了，所以，无论雪中的路怎样难走，我都要义无反顾地走下去。

——摘自我初中时代的课堂作文"雪中行"

今年上海的春天有些奇怪，老是乍暖还寒，阴晴不定的。前几天还是细雨蒙蒙，今天早上一开窗，却见细细碎碎的雪花正纷纷扬扬，洒落得满天满地，让我这个很久都没有见过雪的东北人狂喜不已。

在东北，下雪的时候通常是没有风的，只见大片大片的雪花在空中轻舞飞扬，如身着白舞裙的芭蕾女郎，尽情地展示着自己的绝代芳华，待她们舞得疲倦了，就轻轻地落下来，这个斑驳陆离的世界因为她们的到来顿时显得圣洁高贵了许多。

——摘自我2006年2月18日的日记

自古以来，太多的人给了雪太多的赞誉之词，"忽如一夜春风来，千树万树梨花开""山舞银蛇，原驰蜡象，欲与天公试比高"……，我却觉得，雪也有着怯懦和虚伪的一面，它用自己的洁白无瑕掩饰了世间的种种丑恶，欺骗了多少人的眼睛，可惜这种掩饰终究是脆弱的，只要有一缕温暖的阳光出现，它就只能化成一摊无奈的泪水。

——摘自我的随笔"雪的悲哀"

读着这些文字，同学们的目光亮晶晶的，好像有了更多的感悟，且迫不及待地要同老师比试一下呢。

给六年级学生的第一节作文课

我们第一节语文课上的是作文讲评。讲评材料来源于我给这些新生布置的暑假作业中的一项——写一篇随笔。

我承认，自己设计这项作业，是带着"看看他们到底怎么做"的想法的。我跟学生讲，什么都可以写——生活琐事、旅行见闻、读后感。但是，我故意没给题目，于是，重点就来了——学生必须给自己的随笔拟一个标题。

写旅行见闻的人数最多，于是，"××之行""游××""××游记"之类的题目层出不穷。因为题目太大的关系，从东游到西、从西游到东的流水账也就不少，我跟着这些学生的作文走马观花，只觉得一片眼花缭乱，却无须走心，更不用动脑。

写读后感的学生也似乎手握制胜法宝，就是"读××有感"好啰！可是，很多学生只是在复述书中的故事，"感"在哪里呢？

还有几个小懒虫，直接大笔一挥——"暑假随笔""随笔"，这就是题目了！

但是，也有很多自拟的标题，让我眼前一亮，心神清凉。比如"今夜星光灿烂"（杨高远）、"我的'大忙人'妈妈"（王梓）、"中文在欧洲"（邵敏恒）、"探熊"（严婷渔）、"篮球小子"（陈冠弘）、"乌龟出逃记"（虞清扬）、"我站在山巅之上"（张有闻），等等。

我把这些题目展示给学生看，请他们想一想，好的标题有什么特点。

学生的讨论归纳如下：

1. 好的题目应该是具体的，应该集中在一个小点上，不空，不大。比如"我的'大忙人'妈妈"，就集中在妈妈怎样"忙"上面；再如"雨中爬山记"，就集中在"雨中"怎样爬山上面。

2. 好的题目是自带关键词的，关键词决定了写作的重点。讨论到这里，学生掀起了一阵"找关键词"的热潮。"篮球小子"这个题目的关键词是什么呢？有学生说是"篮球"，我却故意抬杠说是"小子"，学生不服气，问："为什么？"我说："不信的话，你们把题目换成'篮球老子'来看看，是不是写作的重点也跟着变了呢？"学生笑得拍桌椅——哦呦，笑点真低，我这种怪话多着呢，你们一笑起来就没完，还要不要上课啦？

3. 好的题目应该是能吊人胃口的！他们开始举例子——"乌龟出逃记"就很吊人胃口嘛，一看就知道会是一个很有趣的故事！"探熊"？咋回事？探什么熊？真熊吗？怎么个探法呢？好刺激！

我说："这些归纳很精彩！标题嘛，不就是浓缩全文的精华，并吸引读者眼球的吗？怎么吸引呢？当然要玩一点花招啦，这一招女作家三毛玩得很灵，不信自己去找了文章看……

"讨论好了拟标题，再讨论具体怎么写。老师常常会告诉你，写作文要有详有略。'有详'的根据是什么？

"第一个当然是标题啦，特别是标题中的关键词。如果有了一个好的标题，我们自然也就知道该写什么，或者说，该详写什么，特别是游记，如果集中在一个点上详写一件事，就不会再是走马观花，就容易写出感觉。比如思颖同学的'日本之行'，原文中有三分之二的内容是写在日本住民宿的新鲜体验，另外三分之一写在各处的游玩。如果她把标题改成'在日本住民宿'，集中笔墨写三家人一起住民宿时发生的事以及自己的感受，这必定是一篇非常好的随笔！

"这里还要注意，一定不要偏离自己题目中的关键词。比如一个学生的作文题目是'我和小狗',这个题目应该重点写自己和小狗之间发生的事,表现的是我和小狗之间的关系,而不是只写'我的小狗'。

"'有详'的第二个依据,当然是你想要表达的中心是什么。我觉得,中心未必一定是一个大道理,只要是你对某件事产生的某种感情、感悟、思考,或者发现,这就够了。

"点题,最好不要生硬地贴标签讲大道理,比如写游记就一定要写'我热爱祖国大好河山'之类的话吗?毓琪同学说:'No!'他的'雨中爬山记'写了自己在雨中爬山时的所见之景,特别是雨后的云雾奇观,在随笔的最后,他写道:'虽然我是为了观看日出才来爬山的,但是这次雨中爬山却让我看到了云雾奇观,也让我领略到,美景总在风雨后。'点题句出现得自然而然,与前面的描写水乳交融、相得益彰,这才是好的点题。"

还有学生问:"老师觉得什么样的语言才是最好的呢?"

我说:"我觉得,只要得体,什么样的语言都好。什么样的语言是得体的呢?就是符合人物身份、符合情境的语言。这个以后再慢慢举例说明吧。"

小鱼儿的吐槽得了高分

这是一节作文讲评课。按照常规，我会尽可能地让更多的学生朗读自己的作文。这次作文题目是"第一次"，第一个上台朗读的是小鱼儿，一个从来没上台交流过作文的小男生，不要说别的学生眼睛里满是惊讶，乍一听到我叫他的名字，连他自己都满脸写着"意外"两个字。然后，他朗读了自己的作文：

第一次
小鱼儿

人的一生中一定有无数个第一次，比如第一次一个人睡觉，第一次写字等等，而最令我难忘的是我第一次写 500 字作文的经历。

我在小学一、二年级时认为写作文是小菜一碟，寥寥几笔就可以写出优秀的作文，可随着作文字数的增加，作文是越来越难写了，什么半命题与全命题，什么总分总和总分结构……

记得四年级时有一次家庭作业就是写 500 字作文。我回到家，开始写作文，按照老师之前讲过的套路，开头一大串的排比句，再写事情经过，详细地叙述一下，最后结尾点明中心，再讲个道理。

我用老师的套路，写完了一篇底稿，可是只有区区 300 字，离要求的字数还差得远呢。我不断尝试向里面"打补丁"，可依然达不到字数要求。最后，我只好请教妈妈，想让她帮我添薪加柴，可谁知妈妈却大发雷霆："学习是你自己的事，怎么能让我帮你写作文！去，自己去想！实在不行就看一下作文书上别人是怎么写的！"

我只好无奈地拿起作文书，硬着头皮去看了。然而，妈妈还时不时大叫一声："别忘了把好词好句都记住，以后可以用！"每过一两分钟还会问："好了没，快点！还有别忘了要有描写！"我越看越气，我快要爆炸了，恨不得把所有东西都给撕个稀巴烂，再从窗口跳出去，与其他小孩一起骑车、打游戏。

为什么会有人发明作文这种东西？为什么还会有人喜欢写作文？要是这个世界像玩游戏一样，可以随意删除东西，我一定会把作文删掉，并让作文这个东西灰飞烟灭，永不存在！

最后，我把别人作文的开头与结尾中好的句子套在了自己的作文里，总算凑满了500字，终于脱离了妈妈的魔爪，也脱离了作文的诅咒。每次都是这样，作文写不好被妈妈骂也就成为我的家常便饭了！

这就是我第一次写500字作文的经历，一次悲惨的经历……

学生听着他的朗读，不停地哈哈大笑，小鱼儿自己也笑得差点读不下去。

好不容易读完了，我谢谢小鱼儿，请他先回去坐下。然后，问大家："如果你们给这篇作文打分，你们会打多少分呢？"

学生收了笑容，你看我我看你，然后，开始小声讨论。

我等了一会儿，终于有人举手："我觉得，这篇作文可以打75分以上吧，毕竟小鱼儿写的事情很真实，语言也很好玩。"

又有人举手："75分太低了，我觉得要打80分以上，他写得很真实很好玩，我也有过这种经历，我周围的同学大多都有这种经历呀，可是谁也没想到要写在作文里……"

我一边听一边点头，最后，我说："小鱼儿的这篇作文老师给了80

分，也许这个分数给得还是低了一点。"

一个学生笑着插话："少给 5 分是怕小鱼儿骄傲！"

大家都哈哈大笑起来。我笑着说："好吧，算是这个意思。不过，小鱼儿同学，还有在座的各位有没有发现，明明是一篇吐槽写作文有多讨厌的文章，却得了高分，你们说是为什么呢？因为小鱼儿写的是最真实的事情、最真实的感受，如果他还是按照作文里所写的那样，先考虑怎么排比开头，再考虑怎么描写、怎么结尾这些技巧，而不是写自己最想写的东西，他就得不到 80 分了呀。"

"不过——"我又说，"把自己的想法写出来其实是一件快乐的事，我很希望小鱼儿以后作文写得越来越轻松，能享受到写作的愉悦。"

大家都点头，小鱼儿的脸上阳光明媚。

后记：

作文贵在抒发真情，享受写作的愉悦。如果生搬硬套，仅注重形式或内容，又怎么能让学生真正爱上作文并写好作文呢？所以教师一定要尊重学生的真性情，极力鼓励学生去写真事，抒真情。有了"真"字，作文就有了根基，做人就有了底气。

当然，在作文中说真话也有境界的高下。我们鼓励学生说真话，并非鼓励他们一味地吐槽，或者是抱怨。能直面问题，解决问题，才是较高的境界。要达到这一点，需要学生不断地修养自身，这不是一朝一夕就可以做到的，需要智慧地引导，耐心地等待。

我只是想让你"帅"一下……

小蔡蔡同学的作文"不止一次,我努力尝试",写自己在音乐中心的一次迎新会上,他作为"钢琴小王子"弹奏马克西姆的《克罗地亚狂想曲》,因为曲子难度太高,加上自己太紧张,演砸了。经过一番思想斗争之后,他终于鼓起勇气,向主持人请求再演一次,最后成功了。

在这篇作文里,他只突出了"努力尝试",却忘了题目中的"不止一次",毫无疑问偏题了。我找他面谈,并要求他按照"扣题"的要求修改作文。当然,这不是本文的重点。

自从皓皓同学搞了几次"天皓文艺秀",我发现班里越来越多的男孩子加入了"秀"的行列,玩说唱的,跳街舞的,玩脱口秀的。且不说全班同学崇拜的小眼神,会让小男孩们那种说不清道不明的小虚荣心得到满足,再说搞一点活动也可以让班里的气氛更活泼一些,毕竟对于这些十几岁的孩子而言,如果大好的时光整天窝在教室里做题、考试,那么将来回忆起自己的青少年时代来,都没什么值得说出口的。我深知,就像爱美是女孩的本能一样,耍帅是男孩的本能,不,应该算是一种觉醒,如果引导得好,说不定就是他们自我发展的良好契机。

既然小蔡蔡在作文里说自己是音乐中心的"钢琴小王子",我当然不会错过这个好机会。所以,我提的第二个要求就是请他录制一段自己弹奏《克罗地亚狂想曲》的视频,因为我想在作文课上放给同学们欣赏,也算是小蔡蔡同学的一次才艺秀。

小蔡蔡虽然对我的要求有点吃惊，但是一口答应下来。没过两天，视频就发到了我的邮箱里。我打开看了一遍，错了两个音，速度似乎也慢了一拍，如果在课堂上放出来，会不会反倒害得他被同学笑话？要不要让他重录呢？想来想去，我还是没说，主要是怕重录会花费他太多时间。

然而，几天后，就在作文讲评课的前一天晚上，小蔡蔡的另外一段视频发到了我的邮箱里。他还借妈妈的手机特意给我发了一条短信，告诉我，他觉得上次录得不满意，所以练习了几天之后重录了一遍，请我听一下是不是好一点了。

说实话，小蔡蔡的这一举动令我很惊讶，因为据我对他的了解，这个小孩平时很"佛系"，好像对有些事并不是那么在乎。我把他重录的视频看了一遍，发现他弹得近乎完美，可见是下了不少功夫练出来的。

第二天的作文课上，小蔡蔡同学不但交流了作文，还让同学们欣赏了他的《克罗地亚狂想曲》。不出所料，平时以"冷面二郎""二战专家"著称的小蔡蔡，此时此刻突然变身帅气潇洒的"钢琴小王子"，大家先是惊讶继而兴奋，一曲终了，掌声雷动。我看到，一向淡定的小蔡蔡此时眼睛里尽是喜悦与骄傲。

我表扬了小蔡蔡做事精益求精的精神，同时趁机提了一个建议，请他尝试把这次录视频的经历写成一篇作文。于是，便有了另一篇"不止一次，我努力尝试"。

后来，他妈妈跟我说："这个孩子练琴一向都需要拳打脚踢才行，这次居然每天主动练习两三个小时，视频录了十几遍，最后才挑了自己最满意的一个视频发给你……看来这小子的虚荣心不可小觑！"

我笑着说："一开始我只是想让他'帅'一下而已，结果，他不但做到了，还积累了为人处事的经验，这真是意外的收获呀。"

附：小蔡蔡同学的作文

不止一次，我努力尝试

蔡蔡

我刚拿到钢琴十级证书，就接到班主任的一个特别任务：录一段《克罗地亚狂想曲》的钢琴弹奏视频，作文讲评课上跟我的作文一起为同学们做一个展示。接到这个任务，我既兴奋，又有些忐忑，虽说我十级已过，但这首曲子已经快一年没弹了，更何况弹这首曲子还要配上手机里的伴奏，难度不小。

暖手后，我马上开始了紧张的录制。低沉的伴奏开始了，我屏气凝神地听着，蓄势待发。我郑重地弹下第一个键，呀！慢了半拍！伴奏像流水急着赶路，留下尴尬的钢琴声孤独地吟唱。

我只好停下，重新开始录制。我仔细聆听伴奏，心里默数着节拍。这次比较顺利，伴奏和我的琴声水乳交融，我越弹越激动，华丽收尾时，竟忘乎所以地把结尾多弹了一遍，唉，整个视频功亏一篑！

已经晚上十点了，不能影响邻居休息，于是我准备弹最后一遍。这次由于我总结了前两次经验，弹得比较流畅，可在看视频时，我惊讶地发现两个很明显的错音。踌躇再三，看着成堆的作业还没做，我最终还是把这段视频发给了老师。

第二天，我心里一直为那段有瑕疵的视频感到遗憾，尤其是那两个错音，像两朵乌云留在我脑海里，久久不散。最终，我服从于自己精益求精的性格，主动向老师申请重录。我一定要把最完美的一面展示给同学们！

伴奏开始了。我闭上眼睛，开始弹奏。在时而高亢、时而低沉、时而激越、时而舒缓的乐曲声中，我似乎走进了战火纷飞的克罗地亚，我似乎看见了克罗地亚饱经战乱创伤的疾苦情景，我似乎感受到克罗地亚人民面对战火时勇敢乐观的精神,和对未来美好的憧憬……一气呵成,我完美地结束了弹奏。

  一遍又一遍的努力尝试,不仅让我在音乐的世界里越探越深,更激发了我不断挑战自我的勇气,如此,我才遇见了更完美的自己。

捡到篮子里都是菜

这节作文课一上课,我就说:"同学们,请拿出纸和笔,把你们想得起来的事情都写下来吧,今天的可以写,昨天的也可以写,能想得起来的都可以写。"

学生们面面相觑,大概在猜我的葫芦里卖的是什么药,过了一会儿,一个学生迟疑地举手:

"老师,你的意思是说,要写流水账吗?"

"是的,流水账。"

"什么都可以写吗?"

"是呀,什么都可以写。"

又是一阵沉默。有的咬着笔杆发愣,大概在努力回想刚刚过去的半天里发生了哪些事,有的开始翻自己的日记本,更多的学生已经带着轻松愉快的心情刷刷地开写了。我悄悄地走过去看他们写下来的文字,有人很得意地跟我扮个鬼脸,有人赶紧用胳膊肘挡住自己的那张纸。

十分钟后,我说:"现在,我们来读一读自己写的流水账吧。"

迟到大王昊昊自告奋勇地站起来,大声朗读:"早晨,闹钟响了很久,我才睁开眼睛,一把将闹钟的声音打回去,然后又在被窝里赖了好久,才磨磨蹭蹭起床。然后,飞快地刷牙、吃早饭、乘车子来上学,可是,不幸的是,我又迟到了……"他的话引来哄堂大笑。

女孩叶子眼神躲躲闪闪很害羞,被我点到了,只好站起来很小声地读:"起床,洗漱,吃早饭;下楼,碰见同学,一起上学;准备做题目,做不出,问了同学;下课时跟同学讨论新出的漫画书……"学生又是一阵大笑。

…………

就这样,在喜气洋洋的哄笑声里我们听着一个又一个学生读着自己的流水账,我也抿嘴而笑。这时,一个学生好像不耐烦了,大声地问:"老师,我们为什么要写流水账啊?"

"对呀,我们为什么要写流水账呢?"我笑着说,"这个问题问得太好了,你们说呢?"

看着孩子们疑惑的眼神,我说:"难道你们没有发现,自己的流水账其实很有价值吗?"

学生仍然感到迷惑不解。我接着说:"其实,你们每个人都能用自己的流水账写出至少一篇精彩的文章,只不过,你们自己还没发现。举个例子,比如,咱们班的昊昊同学,他为什么每天早上都迟到呢?因为起床太费劲了,那他为什么每天起床都那么痛苦,那么费劲呢?"

这时昊昊同学插话:"因为我妈妈不来掀被子了。"

"哦,那我问问其他同学,有几个人每天早上是靠妈妈掀被子起床的?举手看看。"

学生哄堂大笑,当然没人举手。

昊昊同学有些羞赧:"我前一天晚上睡得太晚了。"

"那为什么你每天晚上都睡得那么晚呢?前一天晚上你在做什么呢?是在奋笔疾书写作业?是边听音乐边玩手机边写作业?还是在干别的?难道不能用你的流水账写出一篇很生动并且值得思考的'迟到大王的反思'吗?"

学生又笑起来,连连点头。

"再比如说,我注意到叶子同学在几件事情里都写到自己的同学,我知道她虽然是个有点内向的女孩,但却很希望朋友时常陪在自己身边,一起上学，一起做题目，一起聊天……。如果她能把自己跟朋友之间发生的喜怒哀乐以及自己的感受写出来，她也能写出一篇真实动人的好文章啊！"

女孩的眼神亮了，其余的学生也用力地点头。

我接着说："现在，大家再来看一看自己手里这一篇流水账吧，虽然有的同学写了很多，有的同学只写了寥寥数语，但是我相信你们都能从中挑选出一件或是几件有感触的事，写成一篇很棒的文章。你们可以自己独立做，也可以互相帮忙，看看谁能发掘出更多的精彩文章。现在让我们来试试看吧。"

这堂课的后半段，孩子们经过热烈的讨论，每个人都从自己的流水账中梳理出了至少一篇文章的素材，经过学生们的交流和我的点拨，果然诞生了很多精彩的文章。

附录：

流水账一

1. 早晨，闹钟响了很久，我才睁开眼睛，一把将闹钟的声音打回去。
2. 在被窝里赖了好久，磨磨蹭蹭起床。
3. 飞快地刷牙、吃早饭。
4. 乘车子上学。
5. 我又迟到了。

迟到大王的反思
昊昊

"昊昊，你怎么又迟到了？"老师严厉的声音像鞭子一样抽打着我。教室里，同学们的哄笑声也让我觉得好丢脸，这几乎是每个上学的早上都会出现的情景。没办法呀,我就是一个迟到大王,每天都好像控制不住自己的迟到。

"你要想一想,为什么总是迟到?"老师的语气好像稍微温和了一点。对呀,让我想一想,到底为什么会迟到呢?我好像从来没想过这个问题。我努力回想:迟到是因为早上总是不能按时起床。

以前都是妈妈来掀我的被子的,但是最近妈妈说我已经是初中生了,要养成自己的事自己做的习惯,再说妈妈也很忙,经常很早就去上班了,于是我就经常迟到。不,好像不能怪妈妈。

为什么我会起不来呢?对了,晚上睡得太晚了,昨天晚上就是到了十二点多才睡。

为什么睡得这么晚呢?最近好像每天都是这么晚。我想起自己昨天放学回家的情景:爸爸妈妈还没下班,我一个人到家之后,先吃了点儿零食,然后,懒洋洋地躺在沙发上,还睡了一小会儿,后来还是妈妈把我拍醒的。我吃完晚饭后到房间里做作业,做着做着,我悄悄地拿出手机,听了一会儿音乐,又在微信上跟同学聊了一会儿……,妈妈进来送牛奶的时候已经快十点了,我一项作业还没做完,脾气有点火爆的妈妈骂了我几句:"你总是这样三心二意、拖拖拉拉、磨洋工,今天晚上别睡了!"

想到这里,我好像明白了,"三心二意、拖拖拉拉"正是造成我经常迟到的罪魁祸首,就因为它,我耽误了多少事,挨了多少骂!可怕的是,我好像已经养成了这个习惯,一下子改不过来了。

谁能帮帮我呀?

流水账二

1. 早早起床。

2. 读《新概念英语》。

3. 做早餐(吃早餐)。

4. 上课。

轻松的早餐

怡然

时间似飞马，转眼间，一周很快就在忙碌的学习中接近尾声了，又迎来了星期六这个可以自己做早餐的日子。

平常的早餐，不是饺子蘸醋，就是两个包子，再加一杯牛奶，毫无新意。周末，总要好好奖励一下自己吧！

我早早地起床，从冰箱的冷冻盒里拿出新奥尔良烤翅，放进微波炉里加热，然后放在几片生菜叶上；往锅里加水，烧开，放入香菇、贡丸和切碎的蔬菜；把已做好的飞饼放进平底锅里煎……，20分钟后，一顿丰盛的早餐便做好了：碧绿的菜叶上放着几只烤得通红、正嗞嗞地冒着热气的新奥尔良烤翅，一碗热气腾腾的蔬菜贡丸汤放在餐桌的正中间，透明的碟子上放着几片煎得焦黄的飞饼……

这个时候，揉着眼睛的爸爸妈妈，刚刚结束了和周公的约会，从卧室里出来，洗漱后，踏进了餐厅。而此时的餐桌上，已经又多出了一杯浓咖啡、两杯铁观音，一盘水果沙拉和三个布丁。

妈妈抬起手，看了一下手表，坐到餐桌前，脸上洋溢着微笑。对于因工作、学习而疲惫不堪的父母和我来说，好好在家吃一顿早餐，就是一种幸福。

我们捧起各自的热饮，品了一小口，先吃了点水果沙拉和布丁，这才开始吃主食。温暖的阳光照在爸爸的背上，剑兰开出了一小串洁白的花朵，富贵竹挺直了身子，新栽的宝石花发出了嫩芽，小鸟在窗边叽叽喳喳地叫着……一切都是如此的美好、惬意！

短短20分钟，我们就用完了早餐。过后，我们又各自忙碌起来。

流水账三

1. 早早起床，刷牙，洗脸，吃早饭。

2. 读约翰巴勒斯的《自然之门》。

3. 对窗发呆。

4. 看叶子上的霜。

5. 写一篇有关蜘蛛网的文章。

6. 看《约翰·克利斯朵夫》(下)。

7. 听纯音乐《奇幻银》。

8. 抓着枕头看阳光里的灰尘。

9. 给一支笔的颜色命名。

10. 翻英语词典,找别的姓氏。

11. 看螃蟹煮熟。

12. 吃午饭。

13. 听音乐。

惬意
小米

我拿着一本书,趴在窗前,三心二意……

一只苍蝇绕着窗框飞,隔壁的阳台上,一只老猫慵懒地打着哈欠。去年种下的爬山虎爬上了窗边,暗红色的叶边缺角浸满了秋的陶醉,银灰色的霜露上弥漫着墨绿色的雾。

我漫不经心地翻了一页书,听着MP3中的《奇幻银》,看着阳光里的灰尘毫无目的地旋转、飘荡,拨弄着小盆栽的叶子,触摸那圆润的叶面。

窗外,摩托车启动,工地上的声音让人不太安宁,然而小区后面菜场带着各种口音韵味的叫卖声却像久违的挚友,让人满心欢喜。它们运载着我稀奇古怪的零乱的心情飘远了。

我又翻了一页,是写日本的。我瞬间想到了脸颊苍白的舞姬在月色松林下曼舞的场景，幽邃的松林，古旧的石廊，舞姬们在白色灯笼的光下浮动，就像阳光里的尘埃。

我吃了一小瓣橘子，关上窗，把吵闹关在了外面。透明的白色窗帘像蛛网一样轻薄，把游移的光影映在我那纹路自然的原木书桌上。

苍蝇向书柜附近飞去，优哉游哉，自由散漫得令人嫉妒。这位满腹经纶的苍蝇老学者观摩了我的书籍后，又不屑地回到了窗边打转，一定在思考像我这种小毛孩不懂的深奥哲理吧！它嗡嗡地絮叨着，像那些令人昏昏欲睡的演讲者。

邻居家的老猫不再打鼾了，在一个装满轻软碎木屑的旧纸箱里睡着了。它时而悠闲地晃两下尾巴，在那原本就令人享受、睡意弥漫的柔和秋日下睡着了……，那木香一定很清新、干燥吧。我似乎已成了那老猫，头倚在厚重的书本上，眯着眼，打个哈欠。这有魔力的日光把一切都困在了慵懒的梦里。

MP3 正播放着《秋天的叶子》……

这节课的主题是"选材"。可能从一开始学写作文，老师就会无数次地告诉学生，一定要选择真实、新颖的材料，才能写出好文章。但是，如何才能选到好材料呢？老师要么对这个问题回避不谈，要么告诉学生一些"要善于发现"诸如此类的正确的废话。于是便造成了这样一种现象：因为老师告诉了学生这些，反而更让学生觉得作文难写，更不会写。我却觉得，其实材料本身并没有三六九等之分，在作文中没有什么是不可以写的，关键的是学生怎么去处理材料。打个比方来说，只要你高兴，捡到篮子里的都是菜，哪怕是看上去不起眼的萝卜青菜，如果你把握好火候，适当地添油加醋，也会把它们做成色香味俱全的美食。

这节课，首先我让学生随手记录流水账，给他们提供一个卸下心理负担，轻松随意地进入写作情景的氛围，然后我让学生选择自己最有感触的材料，并进行相应的指导，帮助他们用不同的方法进行素材加工，最终学生写出一篇篇有内容的小作文。例如，我在指导"迟到大王的反思"的时候，提示学生不要仅仅满足于简单叙述"迟到"这件事，而是通过不停地追问"为什么"来牵出更多相关的事情，组合这些事例，反思迟到的根本原因——习惯性拖拉，这样，学生毫不费力就写出了一篇有情有趣且有一些现实意义的"迟到大王的反思"。对于怡然同学来说，每个周六早上她自己动手做早餐，既是一家三口已经习以为常的生活方式，也是怡然同学在她列举的几件事中最有感触的一件事，所以她选择了这件事作为本次作文的材料。在第一稿中，怡然只是叙述了自己为家人做早餐的过程，重点写了自己如何做这顿早餐。后来，我提出了修改意见，请她添加对这顿早餐色味的描写，以及一家人吃早餐时的环境描写。于是，修改后的文章便呈现出一个温馨惬意的早上，全家人一起其乐融融地吃早餐，享受忙碌生活中难得的悠闲惬意时光的图景。这种小小的幸福是日常生活温馨的底色，却很容易被忽略，适度的描写令这种氛围具有了感染力。再如，小米同学把自己流水账里大部分的内容都放进了自己的小文章里，我建议她把这些材料有条理地组合起来，将静物与动态之景、眼前之景与心理活动交织在一起，调动起视觉、听觉等各种感官，以此来描绘一个小女孩慵懒的状态以及放松惬意的心情。后来小米的这篇小作文字里行间透着无拘无束，生动而有趣，因此受到很多同学的喜欢，并成为一些同学学习描写的范文。

"朋友""宠物"及其他

这节作文课上，我在黑板上写下了作文题目"朋友"，然后问："同学们，大家想想看，看到这个题目你想写些什么？"马上有学生举手。

甲说："我想写我和小学同学之间的友情。"

我说："嗯，不错，容易写出真情实感。"

乙说："朋友不一定是人哪，地球上的动物和植物也是我们的朋友，我想写写它们！"

我说："好极了，你的思路很开阔呀！"

丙说："我就写我和我的宠物，我家养了一只可爱的小狗。"

丁说："我家有小猫，还有小鹦鹉！"

…………

学生几乎都养了宠物，所以一说起宠物来就一副很兴奋的样子。我笑眯眯地听着他们列宠物清单，然后说："很好哇，经过大家的讨论，我们发现这个题目其实范围很广，既可以写人，又可以写动物、植物……，再写写你们之间发生的各种故事和深厚的感情，应该很动人的。"

"但是——"我的话题一转，"刚才你们讲到宠物，倒让我想到一个问题，请问宠物这个词能不能等同于朋友呢？"我说着就把"宠物"和"朋友"这两个词大大地写在了黑板上，中间用一个等号连起来，后面加了个超大的问号。

学生被问得有些呆呆的，不过很快就有学生会意地笑了，有的摇头，有的点头。

我请点头的学生来说,他说:"我觉得我和爸爸妈妈是把宠物当作朋友的,我们对它很好,给它吃最好的东西,给它最舒服的生活。"很多学生都笑了。

我又请摇头的学生来说,他说:"我觉得我们和宠物似乎并不能算是朋友,朋友不是这样相处的。"

我接着问:"那你觉得朋友之间应该怎样相处呢?"学生七嘴八舌地说,互相平等,彼此尊重,互相帮助,精神上有很好的交流……

我又问:"那养宠物是为了什么呢?"学生又七嘴八舌地说,因为喜欢,为了好玩,为了解闷……

我问:"人觉得养宠物好玩,那宠物的感受呢?"

学生被问得呆了一下。然后,有人迟疑地说:"宠物虽然有好吃的、好喝的,但是我想它们可能并不喜欢我们对待它们的方式,比如不喜欢被养在笼子里。"

我说:"你们真的把宠物当作朋友了吗?宠物能够成为你的朋友吗?我觉得这个问题很有意思,有兴趣的同学不妨思考一下,并且把你们的思考写出来,应该是很有意义的。试试看吧。"

那天的作文,有很多学生认真地思考了我的问题,并且写出了一些很有意思的文章。

附:学生作文

朋友

王天寅

前年暑假是我最开心的一个暑假,因为我们家来了一个新的家庭成员——一只小贵宾犬。

门铃"叮咚"响了，我兴奋地跑过去开门。哇！一只可爱的小狗狗贝贝出现在我的眼前：雪白的毛，乌溜溜的黑眼睛……

可能是因为贝贝离开了它的妈妈，来到一个完全陌生的环境，所以很害怕。我抱它的时候，它不停地发抖，弄得我也跟着它一起发抖。

时间一天天过去了，贝贝渐渐熟悉了周围的环境，可是我却要开学了，我总不能把它也带到学校去吧。

开学第一天早上，当我和妈妈走出家门的时候，贝贝也跟着跑了出来，还"汪汪"地叫着，我大声叫它快回去，它迟疑地停下了脚步，可是当我回头看它的时候，看到它水汪汪的黑眼睛里满是伤心的神色。

在学校里，我还是跟以前一样，跟同学说说笑笑，竟然完全忘记了孤零零地留在家里的贝贝……

晚上，当我回到家里，再一次听到贝贝"汪汪"的叫声时，我非常开心，和它一起玩了半天才恋恋不舍地去做作业。那天，我做作业到很晚，偶然间一回头，看到贝贝趴在我的身后，那双黑眼睛里满是落寞，就像被抛弃了的孩子。我突然觉得，自己对贝贝很不公平。

我一直觉得自己是贝贝最好的朋友，但是，我是吗？我似乎只是把它当作一个好玩的玩具，一个用来消遣的玩具。我有空的时候就逗着它玩玩，没空的时候就把它丢在一边，一点也不去理会它的感受。

其实，所有的人对待宠物不都是这样的吗？……

朋友

王侃文

经常看到电视上说，我们和动物是平等的，动物是我们的朋友……

长风海洋公园大家肯定都去过，我也不例外。记得在我很小的时候，一次春游，我们全班都去看海豚的表演。表演精彩极了，我们的手都拍红了。

可是后来，我看到报纸上有这样一则报道：在公园里表演的海豚，因为闪光灯的缘故整天有气无力，视力也大大减退……

我突然想，海豚为什么要给我们表演呢？我们这些看表演的人很开心，可是海豚的感受怎么样呢？也许它们更希望的是回到自然的怀抱中去，在大海里自由自在地游泳吧。尽管那里并没有掌声，但是跟自由相比，掌声又算得了什么呢？

…………

窗外有什么

"窗外有什么？"我的问题让学生不约而同地把目光转向教室的那两扇明亮的大窗户。

被要求以"窗外"为题口头作文的小瑜脱口而出："蓝蓝的天上飘着朵朵白云……"

同学们"轰"地笑了，七嘴八舌地乱叫："明明是个阴天哪，哪里来的蓝天白云嘛！"

小瑜看着我，吐吐舌头，怪不好意思地笑："很多作文都是这样开头的，我……"

我也笑起来："不要管别人怎么写，说说你自己亲眼看到的！"

"好吧。今天天阴得厉害，乌云密布，雾蒙蒙的，好像要下雨了，"小瑜说，"不过，我觉得那些雾其实是汽车的尾气。"

小米插嘴："马路上来来往往的车子好像是大烟鬼，喷出一团团的烟雾。"说罢得意地摇头晃脑。

我笑："小米说得好极了！它们一边抽烟，一边吭吭地咳嗽，对吧？"

学生都笑起来，有个孩子说："每次走在马路上我都会咳嗽，汽车尾气太呛人了。"

"为什么有那么多人开私家车呀？我们不能提倡骑自行车吗？"

"开车比骑车有面子呀！"

……

我笑而不语，听着他们争论，然后提醒他们再看窗外。

昊昊皱了皱眉头，有些没劲地说："也没啥好看的嘛，除了车子就是高楼。"

我说："哎呀，谁说只有高楼呢？你没发现那些楼有的高有的矮吗？而且，有的很新，有的却很破旧。"

"对呀对呀！"淳淳说，"那些新的高楼，有的是高档住宅，有的是办公楼。那些矮的，多数是老公房。"

"有什么不一样吗？"我问。

"哦，高档住宅的保安很严格，老公房的不太严格。住在高档住宅里的人都很有钱，老公房里的人好像没那么有钱。"学生又笑了。

我又说："那么再看马路上的那些行人……"

我的话音未落，有个小孩抢着说："都在匆匆忙忙地走路！"

我说："不一定哦，你们再仔细看看。"

他们跑到窗子前，趴在窗台上看了一会儿，跑回来向我报告："他们有的走得很快，有的走得很慢。"

"那些走得慢的大概是在悠闲地逛街吧，没事的时候享受一下生活，多美好哇！而走得快的，也许就是赶着上班的白领、灰领、蓝领吧……"

"我看到车子来来往往，有辆车等红灯的时候有个车窗前晃着一只小玩偶，以前我家的车上也有一只，是我小时候最喜欢的，每次坐车都要抱着它才安心，所以爸爸妈妈一直把它放在车上……"

"我特别喜欢在晚上看窗外的马路，那个时候，每辆车都亮着灯，急匆匆地赶路。我想，一定是因为在某个地方，有一个家，也亮着灯，等着他们回去。"

…………

那么，我们要怎样将看到的景物有序地说给大家听呢？

欣欣同学这样讲述透过她家两扇窗子看到的景物：从她家客厅的窗子能看到一条大马路，每天都有川流不息的车子从那里经过；而从她自己卧室的窗子可以看到小区的风景，每天早上可以看到陪着孩子急匆匆出门的爸爸妈妈，夜幕降临的时候，小区里昏黄的路灯照着晚归上班族回家的路。

我提醒学生注意欣欣同学讲述中的亮点：

1. 她跟其他同学不一样的地方在于，别人都是只盯着一扇窗子看，欣欣却很聪明地关注了房间两边的窗子，而且两边的窗子看到的景物也是不一样的，这种对比就很有意思，也有话可说了。

2. 她在说卧室窗外的小区的时候，很聪明地抓住了两个不同的时间段，这样有了比较，这种比较让欣欣的讲述有了更多的内容。

然后，我给欣欣提出了建议：

1. 从这两扇窗子向外观察景物时可以再分出不同的视角，比如仰观天空，比如俯瞰地面，分别可以看到什么？再比如平视时可以看到对面住宅楼的窗户，那斜视时又可以看到什么？你可以这样有顺序地描述你所看到的景物。

2. 除了看到的，是不是还会听到什么？比如爸爸妈妈跟孩子一路走出去会没有交流吗？小区里散步的人怎么聊天？比如马路上车子的声音都是一样的吗？是不是在不同季节或时间段打开窗子会有不同的风吹过来？是不是会有花香或青草的香味飘过来？是不是也会有汽车尾气飘过来？

3. 除了说看到了什么，还可以通过不同方式的描述让大家知道你看到了怎样的景物，比如用一点修辞手法。

于是，欣欣重新整理了思路，写了一篇属于她的"窗外"。别的孩子受到启发，也纷纷写出了不一样的"窗外"。

附：学生作文

窗外

欣欣

我家有两扇窗，一扇面向小区，一扇面向马路，我总喜欢在闲暇时透过它们观察外面的世界。

清晨，太阳出来之前，从面向小区的窗子往外看，窗外总是一片朦胧的绿，打开窗子，扑面而来的是混着泥土香味的清新空气，隐约能看见几位晨练的爷爷奶奶，却也看不真切。而面向马路的窗外就热闹了不少，人行道上，许多卖早点的人准备开始一天的工作，个别动作麻利的人已经开始吆喝上了："卖早点咯！豆浆包子，热乎乎香喷喷啦！"也有行色匆匆早起上班的人，急着赶往公司，他们的脚步似乎从来不会慢下来。

中午，往往是太阳最烈的时候，燥热的空气让人心生不耐，窗外的小区没有了清晨的"清闲"。在烈日的照射下，碧绿的叶子亮得刺眼，对面楼上的玻璃窗反射着太阳光，只看一会儿，就会让人眼冒金星。面对马路的窗外，则更让人烦躁，车辆川流不息，轮胎与地面摩擦发出焦灼刺耳的声音，空气中弥漫着橡胶被烘烤的难闻气味，让原本就炙热的空气中平添了几分热度，扑在脸上火烧火燎，简直难以忍受。

可是到了傍晚，一切都不一样了。我最爱掐着时间，看路灯亮起的那一刻，那一瞬间，仿佛整个世界都弥漫着温柔的气息，暖暖的黄色灯光铺洒在地上，被归家的人踩出了温暖与安心。小区里的绿植在灯光下随着晚风轻轻晃动，凉爽的空气平息了中午的燥热，只留下了满怀的惬意。马路上的情景与小区里又不一样，对面的商场、小店也随着路灯亮了起来，玫红色、草绿色、橘黄色，还有变换着图案的宣传牌，让世界充满了不一样的色彩，看得人眼花缭乱，这时候的城市似乎才真正露出了它繁华的一面。

深夜,一切都安静下来。马路上偶尔有几辆车驶过,为安静的夜晚增添了几分生动,小区内,暗了几盏路灯,只有零星几点光亮和天上弯弯的月亮,这样的景色必定能让你的身心安静下来。

小小的窗口外面是大大的世界,那里有着独特的风景。

窗外
徐思恒

世界上有各种窗外的风景,我却独爱飞机那扇小窗外的风景。

每次坐飞机,我都会选择靠窗的座位,专心地望着窗外。飞机开始加速时,机场的航站楼向后飞驰,飞机忽而离地时,一切事物快速缩小:浦东、崇明、长江、东海……,飞机转向大海时,陆地远去,只有黄褐色的海水托着机身。

飞机突然冲入乌云,机身开始颠簸,机翼在气流的作用下不断摆动,眼前只有白茫茫的一片。云中的雨滴划过窗户,向后掠去。突然,阳光出现,越来越亮,机翼上开始出现影子。终于,飞机冲出了云层,乌云像一层层棉花似的停留在机身下方,上面只有蓝天。

平飞时,安全带指示灯熄灭。我透过窗户向上望去,蔚蓝的天空是唯一的景色,再往上甚至蓝得发黑,仿佛再向上冲去,就能进入太空,与宇航员肩并肩了。向远处看去,云朵一路延伸向远方,像一只无形的大手一样托住飞机。不远处是一朵积雨云,铁砧似的云十分的灰暗,偶尔有几道闪电划过云中,让这朵云猛然一亮。

突然,"哇……哇……",机舱中传来一阵阵哭叫,不知是什么事让孩子不顺心了,哭声夹杂着引擎的嘶吼,让人有些烦躁不安。我却有些哑然失笑,我小的时候大概也是这样的吧。现如今,这窗外不时变化着的风景足以消除我的一切不快。我转头继续望向窗外,顺着窗户向下俯视:密集的云中,依稀会露出蓝色的大海,隐约还可看到一艘艘远洋的船只,或是连绵起伏的群山,层层叠叠……,这一程遇见的,都是大自然的美妙风景。

飞机快要着陆了,陆地出现了,飞机逐渐下降,地面事物显现出来:城市建筑、村庄农田、机场跑道……,"咯噔",飞机猛然着陆,窗外机翼的减速板打开,飞机骤然减速,滑行,到了廊桥旁,稳稳停住。

我随着人流走下飞机,融入这窗外的风景,欣喜地盼望着即将开启一段新的旅程。

范范的苦恼

课代表来交作业,她前脚刚走,范范后脚就跑进来,站在我旁边,眼睛眨呀眨地看着我,好像有话说。

"你怎么了?又有啥作业没交,是吧?"我问道。

"不是呀,殷老师,其实我想告诉您,这次的作文我交了两篇……"范范说。

我很惊奇,继而笑了:"咦——为什么呢?"

"是这样的——"他深吸了一口气,好像下了很大决心似的开了口,"一篇是我自己写的,一篇是按我老爸的意思写的,我就是想请您给看一下哪一篇更好。"

"好哇,我会看的!"我说。

"那我告诉您哪一篇是我写的……"说着他就要动手翻找。

"先别告诉我,让我自己来看!"我说。

"对哦,那您看吧,一定要快点给我答案哦!"说完就跑掉了。

我很好奇,就抽出范范的作文,一看,果然是两篇。这次的作文题目是"黑板上的记忆"。他的两篇作文,一篇写他因为上课思想开小差做不出作业,后来主动找老师帮忙,在老师的帮助下做好了作业,也改掉了自己的毛病云云;另一篇写以前的那位脾气很急的数学老师很爱写板书,每节课都要写满满一黑板,重点概念还要用红色的粉笔重重地写下来,害得他们值日生很难把黑板擦干净,那时他们有着各种抱怨,直到后来他们才理解老师的板书多么辛苦，明白了老师的良苦用心……

平心而论，这两篇文章都没什么太出色的地方，但是因为我很熟悉这个班，更熟悉范范同学，所以一眼就看出第二篇内容是真实的，而第一篇文章是编造的。从语言上来说，也是第二篇文章更用心更动感情，所以我毫不犹豫地选中了第二篇。课间在走廊上碰到范范，我说我觉得写数学老师的那篇作文更好，他的小眼睛一下子亮了，一蹦老高："哎呀，殷老师，那一篇正是我自己写的呀！"

我开玩笑说："哦，是吗？看来我们是英雄所见略同啊！"

他一路跟着我就进了办公室："殷老师，您跟我再说说呗，我那篇还有哪些地方好哇？"

我笑着说："真自恋——"接下去，我很正经地告诉他："我觉得你这篇写得很真实，也很真诚，看得出你是用心写的，所以我喜欢。"

他重重地点头："嗯！那另一篇呢？"

我说："哎呀，我说得很清楚了呀，另一篇写的事情是假的，你也写得很没感觉，属于硬凑出来的，而且刻意拔高立意，矫情得很，这种作文没有价值的。"

他更重地点头，很认真地说："我很同意您的看法，那您可不可以把这些话跟我老爸说说？"

"为什么呀？你自己写作文，为什么还要跟你老爸交代？"

"殷老师，您是不知道哇，这段时间我都快疯了！"接下来，范范向我大倒苦水，"我爸他硬说我的作文写得不好，所以让我每隔两天写一篇作文，你说写就写吧，还非得按照他的要求写，他也不知道从哪弄来一本很烂的作文书，每次我写完一篇作文，他就跟书上的烂作文对照，只要跟人家的不一样，他就要我重写……"

听到这里我基本上算是明白了，其实之前我也猜到了一些，范范的老爸我很熟悉，那是一位自视甚高也的确很有能力的某公司财务总监，平生最痛恨的事就是儿子范范老是做一些上不得台面的烂事给他丢面子，还有就是这个智商很高的儿子每次考试成绩总是不能达到预期目标。父子俩在家里的每次斗争我们都很清楚——只要哪天范范垂头丧气地来上学，那肯定又是被老爸"教育"过了……

"我老爸他自以为是，他不信任我！"范范用一句话总结。

我笑眯眯地看着范范，半天没说话。其实，我有些同意范范对他老爸的评价，他的爸爸的确自视甚高，因此我不能公开去支持范范而说他爸爸的不是，因为那样的话他的爸爸虽然嘴上不说但心里未必买账，而且，我也很了解范范的为人，不能排除这小子想借我跟老爸对着干的可能啊！中考在即，火上浇油的事我才不做！

他被我看得发急："老师，您倒是说话呀，到底帮不帮我呀？"

"其实，我真的不知道该不该帮你。"我说的是老实话。

"为什么呀？"他急得满脸痘痘冒出红光。

"是这样的，我觉得吧，一个巴掌是拍不响的，你对老爸有满肚子怨气的时候想过没有，他为什么不信任你呀？"我问道。

"这个……"他赧然，还有点磕巴，"因为……因为之前我的学习态度一直不够好呗。"

"哪是不够好，而是很不好，你自己想想看，因为你上课下课捣蛋，经常不交作业，你爸的手机都成热线了。我说的没错吧？像你这种管不住自己的小北鼻（编者注：baby），你爸不管行吗？就算他管得不对你都没话讲，人家那叫责任心！"

"哎呀……"他哭笑不得。

"哎呀什么，这个忙我真的帮不了你！"我说。

"哎呀，殷老师，您不能见死不救哇，您知道我最……"他急死了。

"范范哪，事实胜于雄辩，男子汉要靠行动说话，要想说服你爸，很简单，从现在开始，还有一个多月，两次模考加一次中考，你自己好好努力，爆几个大冷门出来，到时候不用我说话，你爸自己都会认输，可是现在我要是跑去跟你老爸说话，他一句话就能噎死我。"

"也是……"他抓抓头皮,"那好,咱们就一言为定,我,我还不信了……谢谢老师!"

他像一只斗志满满的小公鸡一样跑出去,不一会儿又探头进来:"那作文呢?"

"交给我的和平时考试的就按你自己的真实想法写。"我说。

"耶!"他一蹦一蹦地跑了。

如今过年失去"年味"了吗

寒假作业中，有一篇随笔的题目是"过年"，学生的笔下展现出五光十色的过年场景，其中，尤其瞩目的是一些学生在随笔中不仅仅记叙了过年的过程或者过年的场景，还在文字中融入了自己的某种感悟或思考，这是很可贵的。因为，有思考有感悟，文字才会真正拥有灵魂。

而在这些表达感受或者思考的随笔中，有一类感受出现得很多，那就是如今过年已经失去了以往的"年味"。这种感受相信很多成年人也有，但是，我更感兴趣的是，为什么学生也会跟大人一样有这种看法？在随笔当中，他们认为现在的年失去"年味"的理由是什么？这些理由能否支持他们的看法？

以下两篇是"怀旧派"中比较有代表性的：

过年
思源

大年三十，除夕。

我百无聊赖地做着作业，一旁的电视正在播放春晚。

此时当然已过八点。外婆去日本旅游，妈妈去朋友家拿东西了，只有我一个人在家。在传统节日来临之际，我总觉得若有所失。

我放下笔，穿上衣服，悄悄走出家门。

街灯如此昏暗，街道看上去像蒙上了一层灰暗的阴影。路上没有行人，偶尔有一辆车呼啸着驶过。我走了一圈，本应热闹的街道冷清了起来，感觉周围太寂静，让人害怕。

突然我心中响起来一个声音，那是鞭炮与烟花的和鸣。记得我上幼儿园的时候，每到过年妈妈都会抱着我，站在阳台上看那绚丽的烟花在天空绽放，颜色五彩斑斓，形状也各不相同。许多的烟花就像一朵朵雏菊一样，飞到半空就四面散射开来。

现在为了保护环境，外环线内禁止放鞭炮。保护环境是对的，但我总感觉缺少了许多过年的味道。

回到家，我打开 iPad，看着一个个敷衍人的几分钱的微信红包，我叹了一口气。脑海中浮现出以前过年时大门敞开、贴春联、挨家挨户送饺子拜年的情景，那番热闹的景象已经渐渐变得模糊，慢慢地离我们远去了呀！

窗外风声依旧，隔壁的麻将声混杂着微信声，让我心烦意乱。过年，就是这样的吗？

我的心中卷起了一浪又一浪的怀旧波澜……

年与"年味"
凡雯

除夕夜，路上的行人匆匆忙忙，大街上声音十分嘈杂。

这就是年，所谓的"年"。

妈妈先是轻叹一句："现在的孩子已经体会不到我们小时候那份过年的乐趣了……"然后又用一副"你们吃了大亏"的表情看着我。

我没有说话，只是机械地按着手中的遥控器。春节联欢晚会那连环画一般的画面重叠交错，一如既往，毫无新意。

一直倚在沙发上的爸爸意味深长地笑了笑，轻咳一声："那时我也就五六岁吧,每逢过年,你的奶奶总是早早就开始准备。包上头巾开始打扫房子,擦亮家具。家里贫寒,只有一个黑漆衣柜和红漆饭桌,都被她擦得鲜亮鲜亮。她还会把床上仅有的两床被子拆洗一番,晒干,捶平。"爸爸忽然顿住了。

我仿佛看到了那时的人们,为了过年而紧张地忙碌着,因为心中有那份迫切的期盼而兴奋不已。我看到爸爸的眼神中有满满的回忆与怀念。他看了一眼万家灯火,接着讲道:"一年到头,破天荒的有件新衣服,大多都是我的奶奶亲手做的。年过六旬的老人眯着眼睛坐在缝纫机前,踏着脚下的木板,用密实的针脚缝着……"

爸爸回忆着,表情中溢满幸福,嘴角定格着会心的笑容。那是个贫苦的年代,却也贫苦得有滋有味。

我的呆想引起了爸爸的注意,他立即用鄙夷的眼神回复我,嘟囔着说:"给从小吃肯德基、麦当劳长大的孩子讲这些,她怎么会懂……"

以前的年,贫困但"年味"重;现在的年,逐年乏味了。我已经感受不到那份过年的乐趣了。

我在公众号上贴出了这两篇随笔,他们的文字引来很多爸爸妈妈的讨论,其中,以表示共鸣和感慨的居多。但是,我却认为,对于一些东西,不能仅仅简单地表示认同或是不认同,而是要进行梳理和思考,形成自己的看法,这个更重要。我很想听听学生的想法,于是,在讲评随笔的时候,我把这两篇随笔拿出来在班级里进行了讨论。

我们讨论的第一个问题是:思源和凡雯两位同学的随笔中,有没有提供足够的理由来支持他们对于如今过年缺少了"年味"的看法?

学生认为,思源同学在随笔中写出了他感觉"年味"淡薄的原因:一是今年过年"外婆去日本旅游,妈妈去朋友家拿东西了",一家人没有守在一起;二是这几年上海禁止燃放烟花爆竹,并且以前"大门敞开、贴春联、挨家挨户送饺子拜年的情景"如今已渐渐消失。此外,他极力渲染了这次过年家里和大街上的冷清，让我们真切地感受到他的惆怅，并且产生了共鸣。

而凡雯同学的理由就有些不够充分，她只是借助爸爸妈妈的口吻描述以前过年的热闹景象，但是对如今过年的情景却一笔带过。然而，这些描述"今天"的文字，恰恰是不能省略的，因为它是正面表现如今"年味"淡薄的内容，如果缺少了它们，逻辑上就很有问题了——以前过年有"年味"，不等于现在过年就没有"年味"呀！同时，这些文字还可以跟描写"以前"的文字形成对比，让我们更认同作者的感受。

而且，文中所写的爸爸妈妈的话，也让学生不禁产生了这样的疑问："以前真的如爸爸妈妈所说的那么好吗？""爸爸妈妈又不是我们，怎么知道我们现在就是不快乐的？""爸爸妈妈只比我们年长几十岁，难道就可以鄙视我们的快乐吗？""谁说吃米饭、青菜长大的就有资格鄙视吃肯德基、麦当劳长大的？"

凡雯同学在文章的倒数第三段说"那是个贫苦的年代，却也贫苦得有滋有味"，反过来是否就可以说"这是个物质富裕的年代，却失去了滋味"？贫苦与快乐，富裕与不快乐，是否可以简单地等同起来？如果可以等同，试着让有这种想法的人放弃他们的财富，重新去过穷日子，他们乐意吗？

所以，凡雯同学的随笔不能让大家信服她的看法，因为她在文中所写的理由不够充分，甚至可以说，理由很牵强。不过，还是要感谢她给大家提供了一个很好的可以讨论下去的范本，如果凡雯同学能够深入思考以上问题，她的这篇随笔可能会写得很好。

我们讨论的第二个问题是：现在很多长辈，都曾感慨过年的快乐今不如昔，这是为什么呢？

学生们讨论的结果，可以归纳为以下几点：

1. 以前过年有很多传统活动，比如扫房子，买年货，全家团圆吃年夜饭，等等，很有仪式感，也很喜庆。现在，因为嫌麻烦，有些仪式渐渐不被人重视了，所以传统的"年味"也淡了。

2. 禁放烟花爆竹让上海市内缺少了过年应有的声响，"年味"就淡了。

3. 以前的生活大多比较贫穷，平时没有什么好吃的和新衣服，过年时吃好的穿好的就格外令人期待和兴奋，现在想要什么很容易得到，所以快乐感就淡了。

4. 爸爸妈妈怀念小时候过年是因为那时候他们是小孩子，只管玩就好，现在他们作为成年人，过年的时候要操心的事太多，当然会觉得现在不如以前开心。

5. 人的记忆就像美颜相机，会不自觉地过滤和美化以前的时光。

我们讨论的第三个问题是：你觉得，我们现在用怎样的方式过年有"年味"而且最开心？

对此，学生经过思考，用随笔做出了各种回答：

成诚说："传统的过年，主要活动是祭拜大自然和祖先，因此它充满了仪式感与亲情。在当今互联网的世界里，希望我们能够守住这些传统，这样也就守住了我们中华文化的根与血脉。"

毓琪说："春节是一个热闹的节日，但更重要的是一家人团聚的幸福！"

蔡蔡说："过年时'年味'渗透在生活的每一个小习俗中，只要用眼睛去发现，用心去感受，即便没有烟花爆竹，也能感受到浓浓的'年味'。"

小渔说："过年最大的意义是一家人团团圆圆，健健康康。"

彦安跟他的家人们虽然是外出旅行过年，但是，他觉得因此体验到了不同的"年味"，也是一件很有意思的事。

我觉得这些思考都很有意思，我也希望学生能够理解，在这个多元化的时代，每个人都可以选择自己喜欢的方式过年，不必拘泥于形式，开心就好。

一个语文老师最美的收获

临近期末,我又开始准备买书给学生当奖品。这一次,我特意多买了几本诗集。学生得到这些书时的心情,一定是喜悦和骄傲的吧。我确信,他们配得上这份奖励。

在我带了两年的这个班级里,很多学生已经褪去稚气,有了少男少女的模样。每次走进教室,看到他们的笑容,我会感觉安心,会对自己和他们充满期待,期待着我们能够在有限的40分钟里有一段美好的文字之旅。

我经常为捕捉到他们小小的顽皮和灵感的火花而欣喜,当我欣然记录下我们上课的片段时,常常感觉如沐春风。

另一个班级是本学期新接手的班,虽然相处的时间只有短短几个月,但他们却给了我无数的惊喜,比如每天写日记。原本我并未奢望所有的学生都能坚持,然而,我发现他们竟然都坚持下来了。如今,他们中的大多数孩子似乎已不再仅仅把写日记当作练笔的手段,而是把它作为与我、与这个世界交流的方式。

他们或吐槽,或搞怪,或一本正经地思考,或铺陈长长的文字与我谈心,每天我阅读他们日记的时间越来越长。这些率真的文字常常让我欣喜,也让我惶恐,更让我反思——我要怎样做才对得起他们无条件的信任?

最让我惊喜的是学生对于诗的热爱。

越来越多的学生开始在日记本上摘录美丽的诗句，并写下自己阅读的感受，而我并未刻意要求他们这样做。

越来越多的学生开始在日记本上写下一首首美丽的小诗，我知道他们写的时候一定期待着我读到这些文字，他们知道我会欣赏他们，会懂得他们。

男孩思行课余时间最喜欢的事就是徜徉于诗词的海洋，他在日记本上写下的文字，哪怕是只言片语，也常常带着一种别样的诗意：

我走路走到了一条僻静的小路上，天色已晚，牌楼里的昏暗的灯光以及路灯早已点亮。一个人走在孤灯下，胆怯全无，害怕全无，如同被筛子筛过一样，只留下一点静。我平时脾气暴躁，完全享受不到一丝宁静。现在，我感受到了，伴随它的还有那些生活中无法仔细留意的琐碎小事：大铁锅架起来炒绿油油的青菜，一点猪油浸入，"嗞"的一声，香气扑鼻；几个人坐在外面敬酒，一碰杯子，清脆的"叮"声悠扬悦耳；一群麻雀被我的脚步声惊起，翱翔在昏黑的夜色中……

一个人走在孤灯下，我找回了寂静，找回了纯真。

女孩沁沁是我接手这个班级之后第一个注意到的学生。她似乎总是随手记录着自己的所见所感，文字是那么自然灵动。这个女孩用细腻敏感的心体察着万物的喜怒哀乐：

一

每周，我都会在口袋里放一颗糖，不是为了自己吃，而是我坚信甜食可以使人开心。如果有人难过了，我会陪在她身边，并递上一颗糖，这是我唯一能想到的好法子，能弥补我"不会安慰人"的缺点。我带的糖在这几个学期里起作用时也就三四回，多数是满了一周就被自己吃了。

今天糖又派上作用了，当朋友哭泣时，我坐到她身边，递上了一颗糖。在那之后，她还发来消息，说感谢我无时无刻不在的陪伴，那一刻我的幸福感爆棚，能找到办法弥补不足就是一种成功了吧。我到现在还会想起，在我伤心的那天，四个朋友立刻把我包围起来，和我聊天，安慰我，那一刻我觉得我被全世界包围着，心里的感动和温暖止不住地上升。

二

今天放学路上，我看到一只小猫趴在一楼的窗子上，它的双脚放在窗外，还有一点肥肉露在外面。它的眼睛很小，好像要被绒毛遮住了，眼角微微翘起。身上米色的毛，看起来很柔顺，还布满细长的棕色条纹。它时不时张开嘴叫一声，双脚也会随着嘴张开而微微抬起，头还会偶尔摇一摇，可爱极了，让人有种想抱一抱的冲动。我看了猫之后觉得世界一下子变得美好了，这可能就是所谓的吸猫的快乐吧。如果不是周围有人，我可能就一蹦一跳地回家了。

三

今天偶然听到一个女孩子问妈妈："冬天到了，是不是圣诞老人要来了？"妈妈对孩子说："是的，但我们要过中国节日，不过外国节日。"那时我觉得自己很幸福，可能我的父母没有把圣诞节看作外国节日，而是单纯地守护着我最初的梦，想让我开心。我觉得圣诞节是充满爱意的节日，它是喜悦，也是奇迹，更是爱的传承。只有相信它的人，才能在某一个时刻，把幕布拉开，看到那些无法形容的、美好的、闪闪发光的东西。

而沁沁的小诗，更是时时让人触动：

黄昏

夕阳黄昏的香气
阵雨的水滴,微微摇荡
窗外模糊不清
屋里的旧吉他
低低的旋律反复回响
狭小房间残留的温度
还能听见风的声音
一直唱着一首歌
人潮中,无人会应和
但当黑暗中看到微光
是那么美丽
是奇迹还是梦境

萤火虫

萤火虫啊
你是如何在黑暗中保持光明的呢
我也想像你一样做一道光
在昏暗天空中,你不害怕
午夜,你悄悄出现
努力地照耀自己
也许这就是生命的意义
在质疑中寻找命运所在
小小萤火
照亮了自己的生活

让人思索着自己的生活能有多明亮

女孩阿煜阳光而沉稳,她喜欢用文字整理思绪,静静地思考自己经历的一切。她的世界里既有捉迷藏的鸟儿,也有静静落地的花瓣;既有对自己和同学作为"背包旅行家"的自嘲,也有享受阅读、写作的惬意:

每个早晨都是一天中最可爱的时光。

庭外有奇树,绿叶发华滋。窗边不远处有一棵常青树,早上鸟儿们特别喜欢去那棵树上玩耍。我在屋内写作业,耳边不断传来清脆的鸟叫声,我抬头望向那棵常青树,树叶一颤一颤的,不过不是风儿在吹,那是小鸟们在玩捉迷藏。

家中的狗狗们也起床了,正在门外闹腾,一定又是小黄跟小黑在干架。他们俩最不让人省心,若是出门前忘记把它们关进笼子,回来后便会觉得走错了家门(家里变得乱七八糟的)。要是我早上看书的时候,有只狗狗靠在我小腿边陪我读书,我就能感觉到小狗身上的热量和柔软的毛发,别提有多舒服!

……………

妈妈前几周新买了一盆玫瑰花,结果有一朵花竟然被窗边的寒风吹成了干花,用手一捏,就像是纸做的一样。但是花盆中另外两朵花仍然开放着,安然无恙。一朵花枯萎、凋谢,总是太悄然了。不经意间,那朵盛放的花就垂下了头,它总是那样娇弱。花,我想问问你,你是因何而诞生于这个世界上的呢?

那朵枯萎的花的同伴对我说:"哦,我的诞生只不过是自然规律,并无其他理由,我在我该出生的时候出生,某天凋谢也是生命的轮回,就像树叶随着季节的变化总要凋零一样。我的生命很短,也许几个星期,或许一个月或者更多。我安静地过着每一天,享受阳光洒在我身上的时光,聆听窗外树梢上鸟儿的鸣叫,看那夜色中的星星闪烁,我把它们看作是自然给我的赠礼，每天都很充实愉快。我没有遗憾，我应该感谢生命让我看到了世间的美妙。我安静、悄无声息地度过了我的一生。"

我静静地听她说完，看见一片花瓣落地了。

…………

看书时，我也深有此感。当我完完全全沉浸在书中的时候，我似乎置身于另一个世界里；耳朵神奇般地隔绝了我身旁的一切声音，就像睡着时听不见任何声响一般。我感到我的大脑飞快地运转着，看过的文字和情节深深印入我的脑海，记得比任何时候都要清楚。可惜，有时候一个小小的分神，便打破了刚才的宁静，那种享受文字的感觉便弱了一些。

不过，文字的魅力总能轻而易举地吸引我。我享受阅读，享受写作。这是一种了解想法、抒发感情的方式。我有时候也做空间穿越。电影里的"空间穿越"或"时间倒流"，说不定就是其创作者的灵感来源于某段文字。

女孩如锦，平时与周边的同学交谈不多，常常在静静地想着，写着，我知道她一定是期待着用文字和诗歌给自己的心灵寻找一个出口：

> 我对你们所说的一切只是独白，
> 你们都没有倾听。
> 与你们的交谈是如此必要，即不可能。
> 如此紧迫，却被永远搁置，
> 在这次仓促的人生中。
> ——维斯拉瓦·辛波斯卡《我曾这样寂寞生活·植物的静默》

偶然间读到一首诗，文末的几行字激发我的共鸣，查询作者，当"辛波斯卡"这几个字映入眼帘时，我顿时激动了。

辛波斯卡是我遇到的第一个外国诗人。五年级时，她的《一见钟情》

深深地吸引了我。那时我懒于思考，只是单纯地被那华丽的辞藻所吸引。诗歌创作中诗人往往会陷入雕琢词句中而忽视文意的危险处境，正所谓"理不胜辞"。辛波斯卡初入文坛时也撞上了三伪文学的浪潮，但她最终选择效法造化，追求自然，米沃什把这称为"优雅的倾斜"。当我读到这首诗时，我简直无法相信，这与我几年前喜欢的诗作出于同一人之手。可我仍能从这诗中体会到一种别样的温柔与强烈的共鸣。

读辛波斯卡的诗，我有时也会像她一样，为人生在世的忙碌喟叹，为匆忙中的遗失伤感。我们有时静不下心来，没有办法感受万物风华。我们的眼睛或许不那么管用了，但透过书页中辛波斯卡的眼睛，我们被赋予了重新估量世界的机会。这个世界繁华而苍凉，美好亦丑恶，如此种种，皆成诗意。

小玥是个让人看一眼就会喜欢的女孩，她每天都高高兴兴的。她会用诙谐幽默的文字和搞怪的漫画吐槽日常生活，也会用诗歌一般的语言表达她的快乐：

尾巴

你看
我抓住了
秋天的尾巴
一个人
在树林里旋转
把阴影落在日晷上
我企图
阻止时间的流逝
于是，我跳着，孤独着

轻轻地，有一片落叶
从天而降
我惊叫着，飞奔着
极为小心地
捏住了它
你看
我抓住了秋天的尾巴
…………

  我想起2019年的夏天——几乎每个晚上，我都会到黄浦江边走路，与挥汗如雨的人们擦肩而过，我虽身处人群，却能拥有"一个人"的世界。带着水汽的凉风迎面吹来，心在风中自由自在地飞扬。这种美好的感觉，我几乎不舍得与任何人共享。

  也就是在独自走路的时候，我看到了平时因为忙碌而被忽略的东西，我重新回到还是"写诗的女孩"时的美好时光——我听到，渡客散尽之后，空荡荡的轮渡大厅里，椅子和桌子们在议论渡客们的故事，穿过大厅的风是它们一阵一阵的笑声；我看到，泊在江边多年的旧船，如一头巨鲨，搁浅在夏日的夜里，那断断续续的南风，是它艰难的呼吸；我觉得，江边那些在风中摇曳的芦苇来自我的故乡，它们灵魂的影子不时与我的脚步重叠。在浓浓的夜色中，它们每一根纤细的绒毛都闪烁着自由的光辉，它们在用手势急切地告诉我很多很多关于这个世界的秘密……

  我庆幸自己拥有一片文字的天空，可以在清凉的早晨吟哦飘逸的诗篇，让寂静的夜不再成为梦魇。这些文字凝成我精神的底色，帮我挡住外界的风风雨雨、喧嚣扰攘。

  我庆幸能够结识那些学生，庆幸自己能够让越来越多的学生放慢脚步，静下心来享受文字的诗意之美。

  我庆幸自己能够带着学生看到教室之外更广大丰富的世界，并与这个世界细细地交流。

我庆幸在这个钢筋水泥林立、精神日渐荒芜的世界里,学生依然能够发现各种美丽而又生动的细节,并由衷地歌唱,发出自己清亮的声音。

这些声音不为考试不为分数,没有任何功利的目的,只是为了体会生命的悸动,无论是快乐、喜悦,还是悲哀、愤怒。

有真实的感觉,有细腻的感知能力,才是真正活着的标志。一个人的生命中有过这样一段读诗和写诗的经历,也算是没有虚度年华。

我相信:一个人只有关注自己的内心,才可能以柔软的心对待这个世界;一个人先学会尊重自己的感情,才可能学会担当。

我喜欢那些爱阅读、爱思考,有正义感、有善心的学生。他们在面对很多事情的时候都有自己的思考和坚持。我相信,这些学生即使将来面对更多诱惑,也可以保持自己的初心与做人的底线。

正因为我自己曾深陷于文字之美而无法自拔,更体会过自由表达的快乐,所以当我在学生的日记本上读到那些发自肺腑的文字时,我才能够对那种喜悦感同身受。那些文字,是我作为一名语文教师最美的收获!

第二辑

不一样的小孩

看见每一个学生

不一样的小孩

前些日子，执教生涯里的第二批学生请我吃饭，看到当年的小淘气一个个出落得有模有样，我自然很开心，于是和他们欢畅地聊起来。在这些幸运地成为银行职员、公务员的踌躇满志的同学中间，只有阿霆同学的话不多。轮到阿霆说话了，他开口讲的却是自己的"非光荣经历"——初中时代成绩如何差和玩的花样如何千奇百怪，初三时被分到另一个班级，每天很悲惨地被班主任留下背书到晚上七八点钟，升高中时差点没考上普通高中，考大学时别人都选择本地的大学，但他一半是因为成绩不好，一半是因为自己太想出去走走，就自作主张报了云南大学，大学四年里把云南和四川所有能玩的地方都玩了个遍……

阿霆对自己的调侃掀起一波又一波的狂澜，大家戏谑地称他为"张总"，又起哄又敬酒，我不明所以，有人就跟我解释说叫"张总"是因为阿霆现在正在一个很大的公司里做销售经理，是未来的"总"，所以就提前这么叫了。对同学的戏言，阿霆语出惊人："我可能做不到'总'了，因为还有很多地方没玩过，如果能经常被外派，可能我会一直做下去，如果不能，我很快会辞职的。"

那一晚的饭局，阿霆格外的与众不同。他对于自己内心深处想要什么似乎比别人更确定、更清醒，我一直为没能跟他多聊几句而遗憾。

教师节之前和之后的几天，陆续有很多学生回来看我，有些已经是职场资深人士，有些今年刚刚考上大学。我们聊的，无非都是谁谁升迁了谁谁跳槽了，谁谁通过自主招生到了某某名牌大学什么系，谁谁高考马失前蹄真是可惜，只有今年刚刚考上了复旦大学的阿凡同学不聊这些。他跟我聊的是他在高中时代干的"坏事"、读过的书、思考过的问题，还有复旦大学校长在他们的开学典礼上讲的"在这个物质的社会里一定要保持着一份理想主义的气质"，他很认真地跟我说虽然他读的是经济系，但是他绝不会放弃对历史、哲学的痴迷……。我看着他那双明亮的眼睛，一时间竟有些百感交集，这个初中时代学校乐队的大提琴手、历史迷和军事迷，有点"蔫淘"的小男孩，自小就有很多地方跟别人不一样。记得那时他在数学实验班但数学成绩却不太好，反倒被军事和历史迷得神魂颠倒。为了鼓舞他的士气，我专门为他开了"小博士讲坛"，让他给全班同学开军事讲座，那时他说起话来总是脸红而且磕巴，如今已经成长为一个有思想、有内涵的男子汉了，真是令人高兴。

  我很喜欢跟有想法的学生聊天，尽管这种愉快的经历很少。作为一个老师，我会因为学生们在生活中找到自己的位置而欣慰，不过，我一直觉得人在年轻的时候除了好专业、好工作之外还应该关注一些别的东西，比如社会，比如哲学，比如文学，可以不那么循规蹈矩地度过自己的青春时代。虽然这些东西并不实用，但是作为一个好不容易在这个世界走一趟的人，如果生命就是按照被设置好的规程匆匆走一遍，一切都跟别人一样，那么该是多么无趣呀。

  可能我有些固执，但我就是喜欢跟别人不一样的小孩。

小米的烦恼

女生小米最近有点烦,她说:"班里的女生都不理我。"

小米是个很可爱的小孩,怎么会不受女生们的待见?被同学孤立,这个问题有点严重,我赶紧问:"咋回事?"

"每次下课的时候,她们聚在一起聊天,我都插不上话。"

"是这样啊,那你就听她们说嘛,干吗一定要插话?"

"她们说得很热闹,我一句话也说不上,别人就当我是空气。"

"哦,她们说什么呢?"

"她们聊日本动漫,可是我一本动漫书都没看过……"

…………

我知道,小米小小年纪就酷爱读书,她读的书林林总总,很多都是从古籍书店淘来的精品,她的阅读口味跟这个年纪的很多女生都不太一样,自然就没有同龄人跟她说话了。

"那怎么办呢?"我也有点担忧。

小米像下了决心似的,说:"嗯,她们现在正在看《黑执事》,我也想看,这样下课的时候我和她们就有话讲了。"

过了一周,看到她,我问:"怎么样?《黑执事》看完了?跟大家有共同语言了吗?"

"不行啊,我不喜欢《黑执事》,里面的画面阴森森的,情节莫名其妙……"小米一脸苦恼。

看来，小米碰到了一个相当纠结的问题——是孤独地坚持自己？还是为了交到朋友而迁就别人？这不是一个容易回答的问题。自己的感觉很重要，强迫自己去喜欢本来不喜欢的东西是很难受的，可是对于这个年龄的女孩子来说，有朋友同样很重要，被人当成异类排斥在外也很难受，不是吗？

我问："你打算怎么办呢？"

小米说："我呀，现在每次下课的时候都跟阿旭（小米邻桌的一个男生）玩丢笔游戏，不跟那些女生聊天了。"

我很开心："这样也很好，不过你也可以试着跟女生们一起玩，或者聊点别的，不谈读书。谢谢你借给我看《巴黎手记》和《再穷也要去旅行》，这次我推荐给你看一本很好看的书——《民主的细节》……"

于是，小米就乐呵呵地拿着我的书跑掉了。

本家策策

策策是我的小本家,因为我们这个姓氏是很少见的,所以进中学第一天,策策就大惊小怪地跑来问我:"老师,您怎么也姓殷呢?"

我笑嘻嘻地说:"因为我爸爸姓殷,所以我就姓殷哪。你呢?你怎么也姓殷呢?"

他抓抓头发,笑得眯起眼睛:"哦,我也是,我爸爸也姓殷。"

不久他就发现跟老师同姓不是什么好事,因为策策同学是个捣蛋大王,经常犯错误,别的同学犯错顶多被殷老师批评几句,他却经常被殷老师威胁"赶出家门":"策策,你不许姓殷了,改姓姚(因为他妈妈姓姚)!"他就憨笑。

这个家伙大大咧咧的,初次领教这一点是在我第一次去他家家访的时候,去之前我打电话确认了一下他们家有没有人,结果是"都在家"。我拿着他给我写的地址找到那个门牌号然后按门铃,按了半小时也没人开门。我纳闷,再打电话,还是"都在家"。我问:"请问你们家是三楼的××室吗?"结果就听到他尖叫一声:"哎呀!殷老师,对不起,我写错了,我们家是六楼不是三楼!对不起啊对不起……"然后他噼里啪啦挂了电话,不久就看到他气喘吁吁、小脸通红地出现在我面前,我真是又好气又好笑,揍他的心都有了。

我带了他四年,充分领教了他的丢三落四——哎呀,语文作业忘带了;哎呀,语文书忘带了;哎呀……

也难怪他老是忘记这忘记那，因为能吸引他注意力的东西实在太多了。他喜欢摆龙门阵，最拿手的绝活是把乱七八糟的故事都讲到一块去，比如无忌大闹天宫之后，又跑到景阳冈打死了一只龙猫；比如孔乙己终于中举，可是高兴得疯了，于是丁举人跑来打了他一耳光，还送了他一套房子和一百万块钱，后来被网友举报，他俩就一起被双规了……

他还告诉我一些很无厘头的事，比如他说有一段时间他坐在范范和晨晨中间，范范给晨晨写情书，让他当邮递员，可是里面居然这样写："虽然我们中间隔着个该死的策策，但我们的心是连在一起的……"——他那个郁闷哪！

我问："咦，人家的信你怎么知道写了啥？"

他才惊觉自己说漏了嘴，没办法，只好讪讪地招供："我只是瞄了一眼……"

我很严肃地告诉他："这是隐私，懂不懂？侵犯人家隐私可是犯法的哦！"

他点点头："懂，我懂！我爸是法官，这点法律知识我还是懂的，我以后改了。"

然后又兴奋起来："对了，你知道吗，我舅舅是从美国的大学毕业的，可是他娶了个法国老婆，现在他们住在德国，所以我的小表弟才两岁就会四国语言，太牛了！"

我说："那你呢？"

他有点沮丧："嗯，算上英语我也只会两种。"

我安慰他说："不要紧的，你可以把中文一分为二——普通话和上海话，这样你就会三种语言了。"

他一兴奋又爆出"教主"（注：学生们对本校教导主任的爱称）的腔调："老好哇老好哇……"

因为他这种鸡零狗碎、婆婆妈妈的性格，我建议他将来去狗仔队，但是特别告诉他一定要穿好防弹衣或软猬甲，谨防不测。

策策是个不省事的家伙,四年来大错误没有,小错误不断,都是些鸡毛蒜皮的事,比如上课说话被学科老师告状,比如在厕所里跟同学打闹被"教主"抓住。最严重的一次是闹着闹着收不住了,一下子踢坏了厕所间的门,这下撞到了枪口上,因为损坏公物在我们学校是大事,于是策策一干人从教导处领了个口头警告的处分,并且处分要写进学期评语还要记录到档案里。他可能也觉得这事闹得太不像样了,哭丧着脸找我求情,保证以后决不再犯。我一向都教育他们做错了事要自己承担责任,特别是男孩子,这次我当然不会松口。但是他至今也不知道的是,我早就跟校领导们很认真地谈过他的事,我们并没有把这个处分记到他的档案里。我知道,策策虽然管不住自己经常犯错,但他并不是个坏孩子。

初二结束时的期末考试,成绩忽高忽低的策策考砸了,用他自己的话说就是"烂得提不起来了"。我说男子汉要知耻而后勇,他很严肃地说:"对,我的目标是超过轲宝!"轲宝那次是班级第一名,我激他说:"你?超过轲宝?我不看好!"他说:"我……我……您等着瞧吧!"

这小子说话算话,此后果然开始发力,初三第一学期随着大小考成绩的水涨船高,"超过轲宝"似乎指日可待,他又有点找不着北了,经常在轲宝面前眉毛一耸一耸地嘚瑟:"哎呀,这次实词小测你咋错这么多?看我……"

一天中午他吃完饭没事就在我跟前晃啊晃,我说:"你不赶紧该干吗干吗去,晃个什么劲呀?"

他说:"'饭后百步走,活到九十九'——老师呀,其实,我有个问题想请教您。"

我说:"好哇,说吧。"

他欲言又止,最后下了一番决心,说:"作为一个女孩——哦不,是女士,您觉得什么样的男生比较可爱?"

我暗笑,这小子开始注意自己的形象了,可能是到了爱慕女生的年龄了，大概是暗恋哪个女孩了吧。我也不戳穿他，在心里归纳了一下他平时的德行，说："女孩一般觉得这样的男孩比较可爱——比如说话算数，一句顶一句。"

他很开心，拼命点头。我接着说："会说话，但要在该说的时候说，不该说的时候最好保持沉默，八卦的男生最讨人嫌；失意时不看轻自己，得意时不忘乎所以，男生得意忘形特讨厌。还有，头脑要好，成绩不一定好到非第一名不可，但也不能垫底——"

他讪讪地说："哦。"

看着他可爱的尴尬相，我心里暗笑。如果策策能够一条一条对照我的话去改自己的毛病，成为"可爱的男生"，对他而言就不是梦了。

阿汤小子的兴趣生活

初识阿汤，是在预备年级开学之初，返校活动结束之后。那天，别的同学都回家了，空荡荡的教室里只剩下阿汤跟某同学，他俩摆开五子棋，厮杀得天昏地暗，旁若无人。我在旁边观了半天局，只换得阿汤的茫然一瞥。后来我知道他会背《论语》，便怂恿他在班里开了"论语讲读"，于是那一年里，全班同学读古文，一律都是汤式摇头晃脑。

阿汤小子貌不惊人，头大个子小，笑的时候嘴巴咧得老大，整张脸上只见一张喜气洋洋的大嘴。写起作文来纵横捭阖、恣肆汪洋，似乎上下五千年尽在他的掌握之中。他小小年纪，虽然常常"以物喜"，但也能够做到"不以己悲"，他第一次参加大队委员竞选，班里推荐了他和另一位同学，结果另一位当选，他却落选了。他俩回来之后，我让班里每人送他们一句话，没想到他却率先站起来祝贺当选的同学，其祝贺方式前无古人，他唱："恭喜你呀恭喜你——"这种把歌曲拿来为他所用的本领在后来学校的几次活动中被他发挥到极致。他满脑子稀奇古怪的点子，其魔术是班里一绝，貌似很少穿帮，所以每当下课便有人头攒动争看汤氏魔术的壮观景象。新年的游艺活动，各班布置游艺室，他号召全班带矿泉水瓶子、一次性塑料杯子来学校，弄出了"POP路""叠宝塔"之类的游戏。那半天我们班布置的游艺室里人满为患，他自己得意地说这是废物利用，是以最小的成本得到最大的效益。

预备升初一时数学实验班大洗牌，阿汤因为对数学竞赛没兴趣，那一年也没有像别人一样苦刷奥数题，所以不幸被清理出局。说实话，他离开这个班级让我这个班主任兼语文老师愤愤不平，痛惜不已，却又无可奈何。岂料第二年他竟然又凭借数学竞赛获奖的资格杀了回来，要知道，这在我校历史上可是绝无仅有的——以前从没有"被贬"到平行班之后又回实验班的先例呀！如果他是为了一雪前耻才下苦功准备数学竞赛得到这样的结果倒也罢了，但是他告诉我不是这样的。真实情况是他在"被贬"期间因为一个昔日小同窗的点化爱上了解数学题，所以才有兴趣去参加竞赛，然后又凭竞赛获奖顺理成章地回来了。败也兴趣，成也兴趣，这就是阿汤。

从此阿汤又在我眼皮底下舞刀弄棒玩乐个不停了。他的文章——无论是作文还是私下里写的小说，被传来传去津津乐道，是有名的"班际写手"。他在区统考作文中偷换概念擅自改题，居然蒙过若干批卷老师拿到了全区最高分。我看过作文之后把他痛批一顿，可是全班包括我在内照样为他的文采和机智喝彩，我只是不知道他是否懂得我对他爱之深、责之切的举动。他胆敢在这个以化学竞赛为主的班级里无视化学，狂热地钻研数学，为了参加数学竞赛，惹得化学老师大发雷霆，阿汤也不改其志，还把那天发生的事洋洋洒洒地写成了一篇超长的作文就叫"记住这一天"。他参加的竞赛，有的拿大奖，有的名落孙山。那些奖在他报考华东师范大学第二附属中学（后文简称"华二"）时并没有派上什么用场，却从不见他有"悔不该……"的念头。

由于他自荐失败，便只能去挤中考的独木桥。就在大家觉得他似乎进不了"四校"（编者注：上海的四所重点高中）的时候，他却在中考中最后一搏终于还是搭上了华二的快车。在高中的分班考试中，他无视大多数人都重理轻文的现实，乐颠颠地参加了文科班的选拔考试，乐颠颠地告诉我并在博客上贴出被文科班录取的消息，并豪迈地宣称自己是"从立达理科班考进华二文科班的第一人"。

对于阿汤初中四年的起起落落，有人不以为然，认为他不够聪明，人为地走了太多弯路，搞得险象环生，我却非常欣赏他这四年来的经历。一个人能够不为名利世俗左右，坚持做一些自己喜欢的事，这是多么了不起的事！这也是我从小的志向，至今未改。

前些日子，他在博客上写了一篇名为"临沂三村弄堂里的兔子"的文章，借兔子之口，对如今学生或者现代人的生存现状作了深刻的反思，我在后面跟帖曰："趁你自己还没有变成临沂三村弄堂里的兔子之前，抓紧时间做点自己喜欢做的事吧！"

也许，我的话有些煞风景了，但是，我内心深处是多么希望阿汤以及阿汤这样的人能够在这个社会上一直无所顾忌、快乐自由地做自己想做的事。他们不是可以被驯养的兔子，而是一股清新的风，可以让你，让我，让这个世界清爽舒畅！

大头李的悲欢故事

大头李人如其名,他不但长了一个又圆又大的脑袋,个子还特别高。刚进中学的时候,他在一群小萝卜头男生堆里格外显眼,因此第一节语文课上就被我盯住了:"哎,那个大头娃娃,请你来说说……"全班哄然大笑,从此大头李的称号就响遍全班走向全年级了。也说不定将来某一天,某权威的学术杂志上会出现署名大头的文章,比如证明了1+1=2之类的,那大头李可就要走向全世界了。对于这一点,没有人会怀疑,为什么呢?这个说来话长。

先说说大头这个名字的由来吧,最初的大头李常被叫作李大头,那是因为Q班不止一个姓李的大头,碰巧另一个姓李的大头是咱们这位大头绝对惹不起的。所以,大家就七嘴八舌(或者七手八脚)地帮他换了这么一个略微洋气一点的名字。在帮人家起绰号方面,Q班诸君是绝对不缺乏好点子的。

大头李惹不起另一位姓李而且头也很大的家伙,这绝不是夸张。在这个以数学著称的Q班,虽然大头李解数学题是"孤独求败"级别,但是比起另一位,他只能算小巫见大巫了。因为,那一位姓李,而且头也很大的,是他们的班主任兼数学老师。

在Q班的数学课上,最常见的是这样一幅画面:大头老师在前面用他浑厚美妙的男高音为全班同学展示一道数学题美妙迷人的解题思路,早就听懂了而且思维翻起筋斗云的大头李手舞足蹈清脆悦耳地在下面给自己讲解另一套解题思路。两位大头简直就是超级男声组合，遥相呼应，交响成曲，都进入物我两忘的境界，这绝对是Q班的一大风景。

　　大头老师欣赏大头李，这是毋庸置疑的，但是对他要求格外严格也是没得商量的，因此嘴边常挂着"不要在意这些细节"的大头李便经常因为一些奇奇怪怪的事写检查。大头李写的检查文采斐然，兼有掘地三尺的深刻性和暴走漫画般的娱乐性，这都是被大头老师逼出来的，因为大头老师貌似不大喜欢中规中矩的检查。比如他明令禁止用"检查"二字为检查命名，而且每次题目都不许重样。于是大头李就常常咬着笔杆翻着白眼为他的检查想一个独一无二的好名字，同时他不得不给自己的每一份检查编号，每次都要翻翻档案存底才能动笔，绞尽脑汁的结果是检查标题越来越长，比如他进中学的第13号检查的题目是这样的："中华人民共和国××市××区××中学Q班论伪造非正常男女同学关系的不良影响及解决方案"。大头老师还规定检查要写得有点文学色彩，这更是让大头李叫苦不迭："你一个数学老师讲什么文采呀！数学课上也没看到你用比喻句拟人句排比句讲几何题呀！"可是师命难违，检查写多了，大头李还是练出一手从白话到文言转换自如且修辞手法用得神采飞扬的本事，比如他在检查里写道："侮辱他人人格，打击他人自信，破坏他人心情，弄僵同学关系，此岂正人君子之所为耶！再者，此种行为败坏班级良好风气，置他人于嘈杂之境，令他人无法安心学习，此岂正人君子之所为耶！此类行为离间男生与女生，使得异性同学无法正常交往、共同进步，久而久之则班级离心离德，此岂正人君子之所为耶！"

　　如果说大头李的检查是Q班的一道风景线，那么这位理科男的语文作业，更让我大开眼界。一次学完一篇叫《你一定会听见的》的课文，我要求同学们模仿文章写几段话，Q班的孩子们卖萌的卖萌，抒情的抒情，一时间涌出一大堆美文："你听见过小蜗牛爬行的声音吗？……""你听见过花和叶的悄悄话吗？……""你听见过月光落地的声音吗？……"

只有大头李乐滋滋地写道:"你听过大脑 CPU 高速运转的声音吗?为了赶紧完成作业,我仿佛听见大脑 CPU 开启超频模式后散热风扇功率极大的噪音,正在高速思考着所有的可能性……你听过方程式求救的声音吗?正当同学们都在屏气凝神解方程的时候,三个方程仿佛在向我喊:'嘿!我一个如此漂亮的字母为何要被放置在那丑陋无比的平方下?快放我出去!'……"

正因为大头李如此有趣而且可爱,所以老师和同学们都喜欢跟他开玩笑。虽然大头李在学习方面是个天才,在生活中却有点呆萌的性格,连班里一些小个子的同学都敢欺负他,戳他一下,绊他一跤都是常事,再加上他也总是笑呵呵的,一副大人不记小人过的样子,于是那些男生女生就更加喜欢捉弄他了。直到有一天,我让大头李在全班同学面前读了他的一篇随笔,叫"给'你'的一封信",大家似乎才第一次发现笑眯眯的大头李原来也有愤怒:"你在平时能不能智商高一点?被人耍了也该有点反应吧!就凭你这大个子,一脚就可以把别人踹好远,可是你偏不,反倒仍旧笑眯眯的——你以后能不能不装君子呀?古人都说吉人之辞寡,躁人之辞多。你话那么多,怎么就不知道急躁一回呢?……"

不过他写着写着似乎火气没有那么大了:"不过有什么办法呢?我的脾气就是好,要让我真生气也实在很难。每一次被别人捉弄,我也不过是装装样子吓唬他们一下罢了。这种脾气给我带来很多坏处,却也给我带来很多好处,因为我随和,大家也都对我很随和,大家一起开开心心的也不错呀!"

那天,嘻嘻哈哈的 Q 班同学少有地沉默了,我似乎还说了几句关于"尊重""分寸"之类的话。反正后来大头李还是经常跟大家闹成一团,不过,那种无缘无故踢一脚打一下,把大头李的笔袋扔到女厕所之类的恶作剧似乎也真的少多了。

晓雷的一片天空

我从来没见过比晓雷更喜欢给自己取名号的人，看看那些"黑巧克力""黑郁金香""妖刀黑"之类的名号吧，无一不妖气横生、冷艳无比。有人说，酷爱给自己取名号其实是一种超级自恋的行为。于是"自恋分子"晓雷同学便经常遭到不以为然者的打击。有一次我在班里读他的一篇作文，当读到"我像一只无奈的黑猩猩，透过笼子望着外面的世界……"时，全班笑得捶胸顿足，这夸张的笑声让我摸不着头脑，后来才知道是因为大家不服气他的自我美化，曾一起送给他一个"黑猩猩"的绰号，想秒杀他的那堆美号，他不以为意，反倒全盘接受，还时不时拿来自我调侃，我真佩服他的雅俗共赏、大人大量。

同学对晓雷的定位是"文艺青年"，虽说在如今这个时代"文青"已经基本等同于"二货"，可是却从不见他跳出来撇清，他顶多晃晃那一头自来卷的乱发，露出东倒西歪的烂牙，不置可否地淡淡一笑。

不管怎样，在这个主攻数学竞赛的班级里，晓雷这样的"文艺青年"总归有些非主流，解数学题目是要有坐得住冷板凳的功力的，晓雷却永远是一副精力过剩的样子。当别人都在教室里埋头做题的时候，他却去长跑、打篮球，把自己本来就黑的皮肤折腾得更黑，活像个粗汉。不过，这个小粗汉拉小提琴却很棒，他不但在学校乐队里担任第二小提琴手，而且经常被领队老师委以重任，比如充当乐队队长或是排练的时候临时指挥一下。大家都承认，关键时刻晓雷是能够担当重任的，我们班参加学校里的活动，不管是广播操比赛还是合唱比赛，晓雷都能组织得妥妥帖帖，所以我们班得到了一个"冠军班"的美号。不过自豪之余有些同学也嘀咕："要是晓雷的脾气不那么臭……"

其实，晓雷的臭脾气只有在搞集体活动的时候才会发作。那一次，他们在音乐室里排练合唱，我推门进去，看见晓雷在指挥全班做一个表演动作，不知怎么的，大家都不肯配合，只听晓雷一声怒吼，手里的指挥棒"咔嚓"一下被撅折了。刚才还嘻嘻哈哈溃不成军的全班同学瞬间安静，晓雷怒视全班足足一分钟才捡起断掉的指挥棒。后来的排练顺风顺水，再也没人捣乱。

读了高中之后的晓雷更是不肯安分，作文写诗就不必说了，我经常在他们文学社的社刊上读到他的诗歌——十有八九都是情诗，大有志摩遗风。他还自己组织乐队，在贴吧里发广告，招吉他手和贝斯手，兴冲冲地折腾。当然，他也追女孩子，我很好奇他用东倒西歪的烂字写情书怎么拿得出手，后来有好事者告诉我说他的情书都是晓佳帮忙誊写的。我想象不出为了这个他会怎样低声下气地央求晓佳，不过对此他必然有一套自己的说辞，比如"大丈夫能屈能伸"什么的。

有一年教师节他回来看我，我问他恋爱到什么阶段了，他抓抓头发说："没戏了。"

我问："是不是晓佳不肯帮你誊写情书了？"他晃晃脑袋说："那倒不是，那个女孩子出国了，隔着个太平洋呢，就算了。"

有一天我突然收到他的短信，说欢迎到他的博客里做客，他的博客名字叫"咸鱼十三戒"。我看了半天不明白"十三戒"是什么意思，于是向他请教，"为了成为王者，暂戒我过于丰富的七情六欲，"他说，"不要告诉别人哦，男人要对外界适当保持神秘感……"

不过他的神秘感也没保持下去，因为同学们像狗仔队一样时刻关注着他，不时散布一下他的近况。比如临近高中毕业，"文青"晓雷华丽转型，豪迈地宣布他要主攻财经，将来开一家全球五百强的公司，把这帮老同学都收至麾下，好像具体职位都安排好了……

然后就听说晓雷真的去学财经了，再然后，又有小道消息说晓雷如今边读书边教人拉小提琴挣钱，因为他说一个男人没钱是没底气谈恋爱的——更主要的是，他的一个学生成了他的女朋友，只是没听说他是否还给女朋友写情书，也许心境不一样了吧。不过又有消息说他还在酝酿写一部校园小说，争取登上畅销书的榜单。总之，晓雷开始了他左右开弓、拳打脚踢的人生，他的理想主义气质注定了他的人生不会平淡。

而我至今还保留着他读初中时写的一篇随笔，如下：

我的一片天空
晓雷

我很庆幸我的天空中还有着一片无比湛蓝的地方，那是一片叫作文学的天空。

文学是我生命中不可或缺的一部分，也许你会认为这有些夸张，但我要告诉你，这是真的。记得我曾经在日记本的扉页上写过这么一句话："当我提起笔，让黑色的墨水在白色的纸上流泻下我最真实的感动时，我才觉得自己活得像一个完整的人。"也许有些言重了，可是我真的很爱写，真的很爱。

我一直都认为只有这片文学的天空，才能让我自由地飞翔。每当我提笔写作时，我总觉得有股令人战栗的力量从心中涌起，如同波涛那般汹涌，如同原野上的风那般清新，如同空气那般透明，如同阳光那般灿烂。只有在这片文学的天空里，我才能像一个任性的孩子一样放肆地哭吼；只有在这里，我才能像巴尔扎克一样用笔去完成拿破仑用剑未能完成的事业。在这片天空里，没有复杂的人际关系，没有来自世俗的压力，有的只是自我，和来自我思维深处那些浑浊的力量。

在立达的实验班读书，注定不会有太多的课余时间，于是我毫无保留地将全部的课余时间献给了我的文学,去读、去写。我不是上帝,我不能创造出一个个生命,但我至少能让我笔下的人活在我的天空里,这就足够了。

我不知道这片文学的天空还能存在多久。生存的压力迫使我放弃了许多我所爱的东西,我不知道我还能在这片天空里坚守多久。也许这本身就是一场注定沦陷的战役,可为了那个装满梦想的圣地,我会像威廉·华莱士一样,用一颗勇敢的心捍卫这一切。我不相信青春那五彩斑斓的梦会轻易变得支离破碎。我会一直读,一直写,一直坚守。

古板的教育与自由的艺术本身就是一对矛盾体,我作为一个游离于现实与幻想之间的人注定要在矛盾和迷茫中度过我的青春。虽然在现实中我不得不努力做一个精英,做一个讨人喜欢的乖孩子,但幸好在文学的天空里,我能做回我自己。我会像我笔下的吟游诗人一般,赤脚走在金色的沙滩上,看着湛蓝的天,吹着迷人的海风,留下一个个盛满青春与感动的足迹。

我很庆幸有一片叫作文学的天空,在我心中,它比天还蓝。

读到晓雷的这篇作文,是在一个昏昏欲睡的下午,我埋头在一大堆学生随笔当中,读着,改着。"我的一片天空"是那次我给他们的随笔题目,学生们大都很认真地完成了作业。他们有的写亲情,有的写自己的那片小天地,还有的写自己的兴趣爱好,看得出,在选材和构思上他们都动足了脑筋,想要把这篇文章写出新意,写得好看。在那些神采各异的文章中读到这一篇的时候,我只觉得眼前一亮,精神也振奋了一下,接着,我就把它一口气读完了。

也许它在选材上并不特别,在语言上文采也不出众,甚至没有什么精巧的构思,然而,我却觉得,它是我做语文老师这么多年来很少读到的能够打动我的好文字。因为,我太了解写下这篇文字的男孩,那个长了一头卷发皮肤黑黑的有一大堆诸如"黑巧克力"之类绰号的男孩。他曾经在学校乐队里担任第二小提琴手和指挥，曾经带领班级的同学参加合唱比赛，在舞台上临时发挥动情发言带动了全场的热烈气氛，他会真诚地欣赏别人，会因为高兴而大声笑，会因为不满意而当众发飙。因为这种激烈的性格，在同学甚至老师当中，他注定是个有争议的人物，但是我一直很欣赏他，因为我喜欢真性情的孩子，喜欢真性情的文字，他的种种"过于激烈的举动"只是因为年少，也正是因为年少所以他才有无所顾忌的勇气。

  我知道，写下这篇文字的男孩，他可能不会一直那么恣意飞扬，岁月和阅历会帮助他慢慢沉淀下来。但是，如果人生一世，只为了吃米而活着，只会为名利而钩心斗角，却从来未曾在那文字的世界里徜徉流连过，从来不曾做回自己，从来不曾让黑色的墨水在白色的纸上流泻下自己最真实的感动，那么生命该是多么苍白！我非常希望无论生存的压力是否迫使他放弃了他许多所爱的东西，他都能够为了那个装满梦想的圣地，一直保持自己那片纯净的精神世界。也许，我的愿望有些天真，但是，我相信梦想！

阿斐的泡面人生

阿斐是我新接手的初三班级的一个男孩,也是这个班级第一个让我产生兴趣的小孩。

为什么呢?因为在前一位语文老师交给我的成绩册上,只有他的分数是全线飘红,一点杂色都没有。作为纯正的中国人,把母语学成这个样子还真的少见。还有,这位阿斐以"睡不醒"出名,也就是说,课堂上的大部分时间他都是睡过去的。

第一节课我就提问他,没问别的,只问:"谁是阿斐?"

他站起来,用一双带着睡意的小眼睛眨巴眨巴、迷惑不解地看着我,我朝他笑笑,没再说什么,就让他坐下来。大概被我这么莫名其妙地一提问,他有点紧张,那堂课他破例没趴下。

后来,我去班主任那里了解情况,班主任一听他的名字就扑哧笑出来:"我跟你说哦,这个家伙可不大好弄……"

以下就是班主任告诉我的,关于阿斐的事情——

刚接手这个班级的时候班主任找他谈话,希望他能给自己树立一个小目标,比如明年考上什么高中,他居然告诉班主任说:"老师,我不打算读高中了,因为我将来当个一般的工人就行了。"

班主任说:"哎,这样想可不行,当工人也要文凭的,最起码你得有个高中的文凭吧!"

他说:"那我也不当工人,我去扫大街!"

班主任说:"环卫工人也不是随随便便就能当的……"

他说:"那我干脆去讨饭!"

班主任说:"讨饭会被收容的,万一被抓起来……"

他说:"抓起来好哇,正好可以不干活白吃饭。"

班主任气得没办法,说:"哼,你以为国家会白养着你呀,你爸妈要出钱的,而且还要你白干活,不给工资!而且,你难道不娶老婆生孩子吗?你怎么养他们?"

他说:"没关系,我要求很低,我将来不娶老婆不生孩子,自己每顿饭只吃一包泡面就够了。"

班主任说:"每顿一包泡面?你算过吗?一包泡面至少三块钱,三顿就要九块钱,还有水吧?要用煤气吧?用电吧?这样一算你每天至少要二十块钱,谁给你出钱呀?"

然后,班主任去他家家访,跟他爸爸聊他的事,谁知他老爸比他还淡定:"这个小孩是学不好了,我们早就对他不抱希望了。"而且,这话是当着自家儿子的面说的。

最后,班主任对我说:"说真的,我教书教了这么多年,还从来没见过这样的学生,关键是,也从来没见过这种爸爸,真是每一个不成器的学生后面必定有一个不像样的家长。"

"反正,在他那混账老爸的支持下,阿斐同学很淡定地等待着他的'泡面人生',每天睡睡大觉、挂挂'红灯',优哉游哉。在硝烟弥漫的初三,他是一道别样的风景。"

听完班主任的话,我想:阿斐同学想一辈子吃泡面当然是他的自由,其实我从骨子里相信每个人都有适合他自己的人生,未必非得考上高中。不过呢,我总是觉得被边缘化对于一个小孩子来讲,是一件很残忍的事,再说我不相信不在乎成绩是他的真实想法,除非他疯了,或者他是得道高人。实际上他两者都不是,他不过是一个普通的小孩子罢了。

我查过他刚进初中时的成绩,其实他的入学成绩不差,只不过后来掉下去就没再上来了。我知道，很多孩子都有这种经历，小学时成绩很好，进了中学可能因为强手多了，也可能因为不适应新的学习方式，所以成绩就掉下去了。这种时候他们通常会很失落，很无助，如果有人来帮他们一把，结果可能就会不一样。

但是，阿斐同学没有这么幸运。关键时刻他没得到有效的帮助，而且，那个混账爸爸居然还说那种混账话，阿斐的无赖就这样练成了。

不过，我想，事情还不是完全不可收拾。其实，到了初三，基本上就是在复习，我只要能让他像别的同学一样每天做点事情就可以了。当然，他要做的事情也有很多，看一看也很吓人的，比如单单语文课内就有三十首古诗，三十篇古文，还有无数篇课外古文和课外现代文，还有作文呢！

那就化整为零，把一整年要做的一大堆事情分散到每一天，比如每天复习一首诗或者一篇古文总可以吧——

这是我的想法，阿斐起初对我的安排很不乐意，时不时就逃掉，但是他没想到我比他还"无赖"：我每天揪着他的耳朵不放，他不做家庭作业，我干脆就把他抓到我办公室里做，因为数量很少，很快就做完了，也不影响他干别的事情，甚至不影响他睡觉——等等，睡觉？在我的课上睡觉？门儿也没有！我讲课的时候冷不丁就要提问他："哎，阿斐，说说刚才我讲的是什么？"

要么我就把他抓出来当书记员——在黑板上给我记要点！有一次我讲一篇现代文阅读，他又整理思路又整理答案，还要再口述一遍，那一堂课他忙得不堪重负，汗都出来了。

大概从没领教过我这种无赖老师吧，阿斐同学竟然毫无办法地被我折腾了半个学期，眼看着他从作业到过关练习成绩一路看涨，及格早就不在话下，上周的小测验居然拿了八十分，我乘机给他加油："哎，你看，这次你超过六个人了，下次争取超过十个呀！"那"小东西"嘴巴都笑歪了。

前两天午饭时间去他们班,看到他吃光了一大盒饭后又在啃面包,我故意逗他:"哼,生活标准提高了是吗?不吃泡面吃上面包了,你想把自己吃破产吧!"

他憨笑:"谁说我只吃泡面呀,我打算将来每顿饭再加两个面包!"

"买面包的钱呢?"

"自己挣啊!"他毫不犹豫地说。

七班有个"男子天团"

我新接手的一届预备班有45个小不点儿，其中有25个男生，他们的一双双大眼睛骨碌碌地乱转，虽然活泼可爱，却也让人头大。

一日课间，我走进教室，迎头撞上几个男生正手舞足蹈、上蹿下跳，教室里乌烟瘴气的。一看到我，男孩们顿时偃旗息鼓，变成乖孩子模样。我逮住领头儿的皓皓，把他带进办公室，也许是自知违反了学校"课间文明休息"的规定，皓皓屏气凝神，大气也不敢出，等着我批评。

我回想着他们几个的即兴表演，脑子里却出现了另外一个念头。我说："皓皓同学，我看你表演得挺好，但是在课间不行，不仅会影响别的同学休息，而且你们也不会尽兴。这样吧，咱们班现在也没什么有意思的活动，可不可以请你利用午休时间，给大家组织一些娱乐活动？"皓皓同学瞪大了眼睛，看着我，确信我不是忽悠他后，很开心地答应了。

那个周五，一大早，皓皓就跑来跟我说，他都弄得差不多了，中午就可以表演给大家看。这下轮到我惊讶了，这才几天呀，活动就组织好了，这小子动作够迅速的呀！

于是，那天午饭后的休息时间，我们全班同学喜气洋洋地欣赏了第一期"天皓文艺秀"——几个男生唱歌，跳街舞，变魔术，耍得不亦乐乎，赢得同学们一阵又一阵掌声。从教室门口经过的同学和老师都忍不住好奇地探进头来，看我们在干什么。我一边赞叹男生们的才艺，一边不停地拍照片、拍视频，也忙得不亦乐乎。

这次活动之后，由于期中考试还有各种检查，我忙到飞起，孩子们也忙着应付作业和考试，一时间，谁也顾不上搞活动的事了。没想到，考试结束后不久，皓皓同学自己跑来找我了，他告诉我，他打算搞第二期"天皓文艺秀"，这次将有新的同学加入，节目也将有一些新看点。

我一听很高兴，就给他出主意说："你不是会弹吉他吗？可以用来伴奏的呀。或者，你干脆就开一个小型的个人演唱会得了。"

皓皓却笑着说："我还是喜欢大家一起表演。老师，这次再看我们一起表演的吧，肯定会更好的！"

看着这个很有主意的男生，我也笑了。他做事这么认真，我当然不会马虎，就帮他们安排了一个空闲的中午。于是，第二期"天皓文艺秀"上演了。这次他们花费了一些心思，自编自演了一个关于关爱留守儿童的小品，然后，皓皓用吉他伴奏并且领着男生们唱起了《生活不止眼前的苟且》和《平凡之路》。男生们唱得非常投入，以至于坐在位子上听歌的同学们也都跟着轻声唱起来。他们随着音乐的节奏摇晃着，平日里的小顽童们此时唱得如此专注而深情，似乎一下子长大了。我感受到他们丰富的内心世界，以及跟青春有关的莫名的忧伤……，音乐真的是有魔力的，它把我们融到一起，共同感受着生命和梦想的美好……

临近期末，正好《新闻晨报》的记者要来我们学校拍摄学生校园生活的视频，学校安排我们班级出一个"十分钟队会"。为了这十分钟的队会，我们一起动了很多脑筋，因为刚刚完成了作文"故乡情思"，学生的作文写得很棒，我们就信手拈来，把这次队会的主题定为"故乡"。这次我请两个女生朗读自己的佳作，然后，由皓皓带领几个男生吉他弹唱 Country Road。当皓皓他们从座位上起身，边弹边唱着走上讲台时，全场沸腾，真有几分巨星出场的架势呢！后来，学生们情不自禁地开始了大合唱，热烈的气氛使得台上表演的几个男生更加放松。且歌且舞，欢快的气氛甚至感染了校长和记者们，一时间，初一（7）班的教室成了歌声的海洋，学生们忘情地唱着，音乐老师站在门外，悄悄地对我说："唱得太好了！我们班可以成立一个合唱团了。"

那次拍摄让我们班的"男子天团"收获了自己的粉丝。《新闻晨报》的记者林老师特别为他们发了一条朋友圈："在立达，看到一个中队会，主题是'故乡'。先是两位女生细声朗读自己的作文，那位江苏女孩笔下的故乡清新朴素，一时竟品出汪曾祺的味道。而后，五个男生边弹边唱 Country Road 走上台前，全班拍掌大合唱，浪漫、恣意、飞扬。"

由于得到了更广泛的认可，男生们受到更大的鼓舞。此后，参加"天皓文艺秀"的男生越来越多，班级的迎新会上，"男子天团"不得不分成三个小组，出了三个节目——清唱，吉他弹唱，用饼干盒子自制的架子鼓伴奏的英文说唱。

我突然想，如果那天我只是因为皓皓没有文明休息而批评他，也许我就没有机会听到这么美妙的歌声了。这些充满活力的男生们，他们正处在青春萌动的时期，非常需要一个释放自己的天性和创造力的出口。他们可以玩音乐，玩得如此投入，如此幸福，他们也可以玩别的，比如一天在去大同上课的路上，"天皓文艺秀"的主力之一王同学一路都在跟同学们喋喋不休地说着什么，我听他实在说不够，就说："小王子，你是不是很需要单独来搞一个'王子脱口秀'呀？"我只是随口一说，没想到王同学兴奋不已，立刻拉着旁边的阿旭求他做自己的搭档，不到十分钟时间，连脱口秀的主题都定好了。哎哟，我哭笑不得："你且好好走路，当心来来往往的车子！"

后记：

充满活力的学生们，正处在青春萌动的时期，非常需要释放自己天性和创造力的出口。如何维护和发展好这些学生的天性和创造力，真是一个值得研究的话题。在这个故事中，我思考的是关于表扬与批评的艺术，关于鼓励和激发的分寸，关于体察与体贴的韵味，关于维护和发挥的境界。

我遇到了一个难题

下课铃一响,科学课代表就跑进我的办公室说:"殷老师,科学老师让我告诉您,阿岩上课画纳粹标志。"说着,就把两张纸递给了我。

我接过来一看,两张纸上是用铅笔涂的一大一小两个黑色的纳粹标志。课代表又说:"他还大声说'希特勒万岁',大家都在笑,搞得老师都没法上课。"

他的话让我突然想起几年前,在我任教的一个班上也有一个狂热地崇拜希特勒的小男孩。那一次上课,谈到自己喜欢的名人,他也是很大声地喊:"我最崇拜希特勒!"

他的话音未落,全班学生哄堂大笑,这个学生环顾四周,似乎为自己的与众不同而得意非凡。

记得那时候我很生气,便冲口而出:"那你能给我们讲讲你的偶像吗?"

学生很自信地站起来说:"希特勒是德国人……"

"停!你刚才说什么?"

"我说,希特勒是德国人。"

我听到他的这句话,再次叫停:"希特勒不是德国人,他是奥地利人。你连自己的偶像是哪儿的人都不知道,叶公好龙吧!"

这是我从教以来第一次在课堂上用这样的态度对待学生的发言,学生们大概觉得我们的对话很有黑色幽默的色彩,再一次哄笑。

谁知那个学生毫不气馁,再一次大声说:"我知道希特勒的做法来源于哲学家尼采……"

我再次抢话:"那你知道尼采是怎么死的吗?"他愕然。

我笑说:"他发了疯,然后死了。而希特勒呢,是用一颗子弹打进了自己的脑袋死的。所以说,这些狂人是没什么好下场的。"

这次辩论,我似乎大获全胜,大家轰然一笑便过去了,我也没有把它放在心上。

时隔几年之后,那个跟我辩论的学生早已毕业。我只知道他初中经常违纪,因此被同学嘲笑,还经常挨爸爸的打,他爸爸打儿子下手极狠,可是,如此下狠手也没能把他管教成一个规矩的小孩。后来到了高中,他仍然问题不断,甚至偷窃……,除此之外,我就不知道什么了。

而今,又冒出来一个崇拜希特勒的学生,让我不由得想起往事。我突然觉得,那时候我凭着知识的优势跟一个小孩子辩论,看似大获全胜,但是,这很可能是另一种形式的"以暴制暴",实质上跟他爸爸没什么区别。我失去了一次跟学生进行心灵对话的机会,也失去了一次绝好的教育机会。

现在,同样的难题再次摆到了我的面前,虽然我暂时还没想好该如何应对,但是我知道,对待现在这个学生,我可能要更谨慎一些,更耐心一些。

我没有急着找他谈话,而是先梳理了一下自己所了解的阿岩同学的情况:阿岩同学人长得瘦瘦小小,在全班男生中属于偏矮的,所有的老师对他的第一印象都是"坐没坐相",因为他上课永远是瘫在座位上的。他又特别好动,不管老师们说什么,他都要跟着做些小动作,好像在玩"你画我猜"的游戏,似乎每位老师都批评过他这种幼稚的举动,但是收效甚微。

阿岩非常喜爱汽车。开学第一天,班里另一个男孩作自我介绍,讲到自己喜欢车,阿岩听了兴奋得手舞足蹈,马上开始在纸上画画,画的都是各种类型的车。从此,他把那个男孩当成了要好的朋友。

他似乎有一点残忍。第一次课堂上交流随笔,他很得意地分享了自己如何虐杀一条虫子的作文。班级里的学生都认为他的描写不合适,我也提醒了他,但是,他似乎并未有所触动。

对了,阿岩同学还毛遂自荐做了班级里的劳动委员,他做得非常认真,给值日生分配工作、监督劳动,甚至自己动手帮忙,一举一动,都是非常有责任心的小干部的样子。

而后,我把阿岩同学叫来谈了一次,以下是我们聊天的记录。

我说:"能跟老师说说你为什么那么喜欢希特勒吗?"

阿岩回答:"我读了《我的奋斗》,觉得他挺了不起的。"

我问:"那么,你觉得他的了不起表现在哪里呢?"

阿岩说:"他可以指挥那么多人,所以了不起!"

我又说:"你是不是觉得这个世界上人分为两类:一类是指挥别人的,另一类是被人指挥的?"

阿岩想了一下,点点头。

我说:"你想做第一种人,对吗?"

阿岩有些羞涩地点点头。

我问道:"那你有没有想过,做第一种人的概率是极低的?"

阿岩回答:"所以,才要努力奋斗,成为人上人哪。"

我说道:"我懂了。不过,我不是很同意你的人上人的说法。我觉得,生活在这个世界上的每个人都应该是平等的,都应该有平等生存的权利,所谓做人上人,不过是有些狂妄的人的妄想罢了。你觉得呢?……"

阿岩不语。

我又说:"你知道吗?如果你的偶像希特勒还在世,你我都将是他消灭的对象。因为,在希特勒的眼里,只有日耳曼民族是最高贵的,其他的民族都是劣等的。"

阿岩不语。

我很好奇："那么，你是怎么知道有这样一本书的呢？"

阿岩说："同学介绍的呀，我的同桌小蔡告诉我的。"

我又问："那么，你还读过别的关于'二战'的书吗？特别是纳粹党人如何屠杀犹太人的书？"

阿岩（摇头）："没读过。"

我说："建议你这段时间读一读《安妮日记》，再看两部电影——《美丽人生》和《辛德勒的名单》，然后，咱们再聊聊。"

…………

我还为这件事专门跟阿岩的妈妈聊了一下，主要是了解他平时喜欢阅读的书目，提醒他们在孩子没有足够的历史知识的前提下，暂时不要给他读那些有争议的书，还有，也提醒他们注意培养孩子的善心。他妈妈听了有些惊讶，说："我真不知道儿子会这样……其实我们平时经常教育他要做个善良的人，他也这么做了，比如在路上遇到乞丐，一定会给钱。他还会主动帮助大人做一点家务活，比如吃饭的时候主动端菜拿筷子，甚至还会在爸爸妈妈比较忙的时候帮忙做几个菜……"

听着他妈妈的话，虽然我没有多说什么，但是，我知道，"做善事"跟内心的柔软善良很可能是两回事。

第二次跟阿岩聊天是在假期之前，我特意请他过来，聊聊他这段时间读的书、看的电影，问他有什么想法。他说，也没什么特别的想法，就是觉得犹太人挺惨的，自己可不想经历安妮那样的事情。

我说："是的，看得出你其实是个很有同情心的小孩。"

我又问他这个学期在班级里交了几个朋友，他想了一下，摇摇头，说："除了同桌能说几句话之外，其他同学都不能算朋友。"

我问："包括那个车迷吗？"

他说："也包括。可能是因为他的成绩好，他不太理睬我。"

两次谈话，我大致感觉到这是一个很渴望被家长、同学接纳的小孩，他在生活中体验到的可能不是很多。我不知道这样的谈话对他有没有效果，但是，我发现他的妈妈跟我的联系明显多了起来，她向我检讨自己在教育孩子方面的"粗陋"，把孩子的书橱拍照给我看，跟我讨论给孩子读什么书以及如何跟他交流。

从这些谈话中，我一点一点地梳理出这个孩子的成长轨迹：因为从小就比同龄人矮小，所以有时候会被同龄的小男孩欺负。（也许，因为曾经弱小，而且现在也不太得到同学的认可，所以希望自己更强一点？这样的小孩子似乎特别容易被希特勒之流的人物吸引。）

父母工作很忙，平时亲子之间的交流不多，多数时候是阿岩一个人在家里玩，或者看动画片。父母在教育孩子的方式上有很大分歧。阿岩特别喜欢看《猫和老鼠》（他妈妈说，他有很多小动作都是跟这个动画片学的），以及《熊出没》《喜羊羊和灰太狼》。也许对父母的爱感受较为淡薄，所以他的心底不够柔软，导致动画片里有些缺乏温情底色的打打闹闹在他那里就放大成了值得模仿的暴力手段。他读的书大多是科普类的，文学类的仅限于沈石溪的动物小说等。

他妈妈说，放假的这几天，他一直在读我推荐的书目，对李娟的《我的阿勒泰》特别感兴趣，好像不太去理睬那本《我的奋斗》了。不过，他似乎对书里好笑的细节更感兴趣，他妈妈担心他学不到什么有用的东西。"只要他感兴趣就行了。"我又说，"希望您有空也读一读他读过的书，这样，你们可以有更多聊天的话题。"

真的，我觉得这位妈妈不必过于紧张，也不必矫枉过正。毕竟，比起一个在餐桌上都要给儿子上课说教的妈妈，孩子更喜欢能够跟他放松地聊天、跟他一起因为一个好笑的梗乐不可支、陪伴他成长的玩伴妈妈，这也更容易让孩子怀着发自内心的善意对待这个世界。

大城市的留守儿童

我以前只知道农村里有很多留守儿童,没想到城市里也有,而且,还在我们这个国际化的大都市里。

丫丫就是这样一个小孩。

第一次家访,记得我跟丫丫的妈妈联系了好几次,约定的时间总是因为她妈妈"不在家"而变了又变。终于在一个黄昏,我如约按响了她家的门铃。

来开门的是一个大男孩,他很有礼貌地问候我"老师好",告诉我他是丫丫的哥哥,然后丫丫的妈妈才急急忙忙从厨房里出来,连声道歉,说自己刚从外地出差回来,正在给两个宝贝儿烧饭云云。

丫丫的妈妈跟我聊了几句,主要是抱怨丫丫的爸爸,说他长年在外地做生意,两个孩子——一个读大三,一个刚读初中——都丢给自己管,真的很累。然后又说自己不能做全职妈妈,要有自己的事业(后来我才知道她在做一种类似于传销的工作),但是事业和家庭都兼顾实在太累了。看到她那么忙,我没有多坐,只是跟丫丫聊了一会儿,就离开了。

丫丫在我的班级里读书,成绩跟其他同学相比落后一大截,她家就在学校旁边,但是早上却经常迟到,除此之外,倒也没有什么异常。这是一个很单纯的小女孩,跟同学相处得不错,跟老师也很亲近,没事的时候喜欢静静地坐在位子上在一张纸上涂涂画画,有人想来看看,她就赶紧捂住。

一个周五的下午，我下班时正巧跟丫丫一起走出校门，随口问道："周末了，妈妈给你做啥好吃的？"

她迟疑了一下，笑着回答说："我也不知道吃啥，我妈都一个礼拜没回家了。"

我很惊讶："又出差了吗？留你一个人在家？"

她说："嗯。以前她都给我留饭钱的，这次大概忘了，我翻遍了所有的抽屉都没找到钱。"

我更加吃惊："没给你留钱？那你怎么吃饭？"

她说："我自己还有一点零花钱，应该还够我吃饭的，我的饭量很小的。"

"哥哥呢？"

"哥哥到国外读书了。"

…………

那天，我带着丫丫在学校附近的一家面馆吃了晚饭，回家的路上我忍不住拨了丫丫妈妈的电话，她没接，然后我又拨通了她爸爸的电话，把这件事告诉了她爸爸。也许我太愤怒了，我自己也是一个母亲，我真的不能想象一个做母亲的怎么能这样，动不动就把自己十多岁的女儿一个人扔在家里，什么工作能如此重要？

这通电话之后，她的爸爸几次从广州赶回来，专程来拜访我，跟我谈丫丫的情况，然后再匆匆赶回去。有一次丫丫告诉我说，爸爸每次回来都不会超过三天，除了跟老师了解她的情况，就是跟妈妈吵架。我意识到自己那通电话可能有点不太妥当，但是，我又能怎么办呢？我是丫丫的老师，知道了这种情况难道要三缄其口吗？他们之间的问题也只能让他们自己去解决了。

不过，后来丫丫爸爸来学校见我的时候，以前几乎不露面的丫丫妈妈也会赶过来，她先是跟我强调小孩子就是要多锻炼才能独立，以前大儿子读初三的时候，她还在四川工作了一年，儿子也照常读了高中，而后哭诉自己又要顾家庭又要顾事业的不容易……

其实，我很理解她，生活不易，人人都有自己的无奈。这位妈妈当初是跟丈夫一起出来打拼的，后来丈夫一个人去广东做生意了，她只能留在上海带两个孩子。做全职主妇的滋味并不好受，她也想自己能做点什么，但是，动不动就把未成年的孩子一个人扔在家里，这毕竟也不是什么好办法，严重一点说，这都可以够得上遗弃罪了，这位妈妈知道吗？

不过，我这么多事也算有一点成绩，从此以后丫丫妈妈不敢再让女儿一个人在家了，她自己不能陪孩子，就请了一个保姆帮忙。有时候丫丫到我家来吃晚饭做作业，她妈妈也必定会让保姆来接。虽然没有从根本上解决孩子不能与父母相守的问题，但是至少安全问题解决了。

我对丫丫也格外关注，也许是语文老师有便利条件，我能够从她的作文和随笔中了解她的想法和感受。她经常写爸爸回家一家人团聚，写一家人回老家看望奶奶，有时候也写自己一个人在家里半夜醒来的恐惧。虽然她自己也说已经习惯了父母不在身边的生活，说自己早早学会了独立，但是她毕竟还是个孩子，物质方面可能她什么都不缺，可是她真的很渴望有父母和哥哥陪伴的生活。可惜，这种简单的愿望对于她来说却是一种奢望。

跟我熟络起来的丫丫话很多，虽然因为经常睡懒觉迟到或者不用功学习，也会被我批评，但是却一直跟我很亲近。班级里搞活动的时候她跟同桌上台唱歌，客串主持人，空闲的时候画漫画或是和朋友一起吐槽，还帮我公众号里的文章画插图。总之，她变得很快乐，很阳光。

我没有办法解决她父母的问题，我只能尽自己所能让这个在孤独中长大的孩子正常地成长，不要抑郁，也不要偏激。

初二那年，年级里搞了一次"十四岁青春营"活动，活动中有一个环节，就是请家长给自己的孩子写一封信，先寄给班主任（班主任是不拆封的），然后在活动中由班主任再把信分发给学生。

我特意打电话叮嘱丫丫的父母，请他们一定不要忘记给丫丫写信。我跟他们强调，这是增进亲子之间情感的一个好机会，千万别让女儿失望。

然而，到了收信的截止时间，别的同学的信都到齐了，唯独没有丫丫的信。几天里，丫丫几次到我办公室里来问问题，其实，我知道她真正想问的是什么。我再一次打电话给他的爸爸妈妈，得到的答复是很轻描淡写的："不好意思，老师，实在太忙，把这事给忘了。"

也许，在他们的心里，给孩子写信的事实在太小了，跟他们的事业相比简直无足挂齿。对于这样的父母，我只能叹气作罢。

活动的前一天晚上，我替那对父母给丫丫写了一封信。第二天，当丫丫跟其他同学一样收到信的时候，我看到她美丽的笑容，然而在读信的时候，丫丫却哭得停不下来，我没办法，只能走过去抱抱她。

后来，丫丫很动情地写了一篇题为"最美的眼泪"的作文。读着她的文字，我感到作为老师的酸楚的幸福。

然而，我真的不希望再次体验这样的幸福，我希望天下的父母都能体会到孩子的心情，能够给孩子最简单，也是最为他们所珍视的陪伴。我更希望，将来丫丫自己做了妈妈，不要让她的孩子再经历她自己所经历的那一切。

附：丫丫的作文

最美的眼泪
丫丫

我的手微微颤抖，紧咬着双唇，看着手里的这封信，纸上的字字句句仿佛是妈妈温暖的手，呵护着、抚慰着我的心。看着看着，我的鼻子酸了，眼泪从我的脸颊上滑落下来，一滴一滴如同水晶一般，晶莹剔透的泪珠落在信纸上，那一行行的文字瞬间便像朵朵盛开了的花……

这一天，对于我们这些刚满十四岁的孩子而言，是很特别的一天。因为在这一天学校特意为我们在东方绿洲组织了"十四岁青春营"活动，活动中有一个很隆重的环节，也是我们最期待的——我们将要收到父母写给我们的信。我跟大家一起激动地期待着，但是，我的心里隐约有些不安，因为我不确定自己能否收到爸爸妈妈的信。

因为爸爸在外地做生意，长年不回家，妈妈也经常忙着工作不回家，我的生活都是自己打理的。在很多个孤单的日子里，我自己做作业，自己解决一日三餐，一个人睡在空荡荡的大房子里，抱着毛绒玩具安慰自己，睡不着的时候就很早起床看日出……

虽然我已经习惯了这种生活，而且在作文里很自豪地说自己的独立能力很强，但是，每当需要爸爸妈妈开家长会或者签字而他们都缺席的时候，我就会觉得委屈。我不知道，对于父母来说，究竟是什么让他们感觉陪伴女儿永远不重要。

....

老师在叫着同学的名字分发信件，我紧张地盯着她手里的信，在心里数着全班的人数，果然，我的担心变成了现实，全班只有我，没有收到爸爸妈妈的信。

我低下头，泪水盈满了眼眶，可是我不想让同学看到，于是狠命地吸着鼻子，这时，远远传来一声："丫丫，你的信！"

我惊讶地抬头，看到隔了很多座位的地方，老师在微笑着叫我，手里扬着一封信。我开心极了，连忙站起来，接过同学们传过来的信，拆开，我看到了老师的字：

"……既然很多问题无法避免，那么，唯有接受并笑着对待才是上策，我希望你能够一直做一个阳光女孩。……但是，老师也要提醒你，一定要注意保护自己，不要在外面乱吃东西，一个人在家的时候不要放陌生人进门，关键是，当你一个人在家的时候一定要跟老师说一声，遇到像昨天那样电闸坏了的事情，我们会来帮你……

"明天是你们'十四岁青春营'活动，这也是你们步入青春年华的一个很重要的仪式，你一定会懂得我为什么要把诗朗诵的那几句话分给你：我们学着承受痛苦，学着把眼泪像珍珠一样收藏，把眼泪都贮存在成功的那一天流淌……"

读着这些话，我仿佛听到老师在耳边轻声絮语，想起刚才在台上表演诗朗诵时，我满含感情地大声读出了这几句话，原来，在潜意识中，我已经明白了老师的苦心。看到我在哭，老师过来抱抱我拍拍我，我看到了老师的眼泪，那是我眼中最美的眼泪，泪眼蒙眬中，我们都笑了。

我的第一届学生

那天晚上我打开邮箱，发现收件箱里被塞得满满的，大多数都是从"人人网"发来的消息：

"晓琳给你发了一条新消息……"

"佳萌加你为好友……"

…………

熟悉的名字在脑海中化作一张张调皮捣蛋的笑脸，争先恐后地向我涌过来，我的眼睛和嘴角不禁弯成了月牙——这些曾经让我欢喜让我忧的学生哟！

他们是我大学毕业之后教的第一届学生，还记得那时我自己也不过是一个刚走出校门的羞涩的小姑娘，没有经过见习等准备工作，突然就被安排做了他们的班主任。

第一次开家长会，一个孩子在周记里写："我爸爸回家说，我们老师很年轻，也没有经验，她说话的时候脸都红了……"

也许因为我太年轻了，而且总是笑眯眯的，所以学生把我当成他们的玩伴，不但玩什么都叫上我，还总是挤眉弄眼地想办法欺负我，他们知道我听不懂上海话，就故意当着我的面用上海话出坏点子，他们还在日记里向我挑战："老师，您肯定管不住我们的！"

足足有半年的时间，我都在跟他们玩斗智斗勇的游戏，也曾经被他们气得哭鼻子。可是，就是在这种斗智斗勇的过程中，我们玩的花样越来越丰富，感情也越来越深厚。我带着他们跳绳、踢毽子、做班刊、开班会，假期里还一起出去做志愿者。迎接"新千年"的时候，全校在操场上联欢，我们一群青年教师翩翩起舞，学生们疯了似的大声给"英子老师"喝彩……，时至今日，很多事情我都已经淡忘了，但是那一次次活动的情景却一直深深地刻在我的心里。

我们曾在语文课上"走近名著"，他们结成一个个小组，有的演《白雪公主》，有的演莎士比亚的《驯悍记》，让我们大跌眼镜的是，班里最文静也最有才气的君君竟然能演泼妇，而且将那个泼悍的姐姐演绎得活灵活现，从此我们就一直叫她"凯斯琳娜"。

我带着他们做班刊，还成立了一个像模像样的小编辑部，征稿、写稿、排版、打印，每件事情都是学生们在做。我们的班刊非常有特色，几乎所有的内容都是电脑编排，唯独封面是手绘的，封面上那大大小小挤在一起的四十六个脑袋，出自漫画天才朝君的手笔，她用简练生动的画笔勾勒出班里的每个成员，但是她画的不是人物肖像，而是每个人的绰号……三年的时间，整个班级就在玩玩闹闹当中变成了一个温暖的大家庭。

记得一次期末班会的主题是"班级是我家"，其中一个节目是"过集体生日"，当二十几位同学手捧小蜡烛，全班为他们唱起生日歌的时候，我看到学生们眼里的泪光在烛光中闪闪烁烁。

…………

那年五一假期，君君从法国回来，撺掇了一大帮人来看我。一开门，哇！一大帮帅哥美女蜂拥而入，多年不见，当年稚嫩的小孩子都已经是快要大学毕业的大孩子了，这让我惊喜不已。唯独一个一米八的瘦高帅哥，我怎么看都不认识，他们又挤眉弄眼地让我猜这是谁，我猜了半天，连某个学生的男朋友之类的都猜了还是不对，最后还是他自报家门："我是阿炜呀！"

我差点昏过去，我无论如何也不会把眼前这个帅气的大男孩跟十年前那个胖得走了形的小胖墩联系起来呀！

阿炜是初二上学期才加入我们班级的插班生，当时他患了红斑狼疮，而且已经到了相当严重的地步，服用含有激素的药导致身材走了形，他经常要去医院治疗而不能来上课，所以真正跟我们相处的时间并不多。那个学期结束，他就去美国治病了。他走的那天，全班为他开欢送会，我们用各种颜色的粉笔和各种字体在黑板上写满了祝福的话，当我们一起唱《朋友》的时候，大家都哭了。虽然学生们相处的时间不长，有的同学甚至都没有跟他说过几句话，可是那个时候，我知道他们懂得了珍惜，珍惜哪怕是极其短暂的友情，还有来之不易的生命。

阿炜离开以后，我曾经给他的妈妈打过几次电话询问他的情况，他的妈妈总是唏嘘不已，对儿子的康复好像已经不再抱希望。后来，我不再打电话了，在潜意识里，也许我对他治好病也没有信心，我很怕听到不好的消息。

然而谁能想到他不仅治好了病，还读完了高中，又去日本念了大学，现在读研究生，为导师打工，成了一个痛苦并快乐着的"打工仔"。他说，虽然他只在这个班级里读了一个学期，但是最要好的朋友都在这里。他又说，这些年也有过放弃的念头，但是想到像我们以前那样快快乐乐地活下去多好哇！于是，他就这样活下来了。

那天，我们聊了很多，还一起吃了饭，看着饭桌上的男孩子女孩子满脸阳光地笑笑闹闹，不禁感慨活着真好，曾经年少过真好，有这么多真诚的朋友真好。

带那个班级，我费了不少脑筋，那个班的孩子大多很热情很爽快，但也很有个性，不那么容易服气。那时候，我们班在年级里属于平行班，也就是普通班。学生们对处处受优待的理科班很不忿，觉得学校给他们特权不公平，觉得无法接受他们那种自视甚高的傲慢。因此除了狂热地发誓"要在学习上打败理科班"之外，还经常故意向他们挑战，做一些很孩子气的事情，比如别的班同学来借书，他们都很热情地出借，但是，如果理科班的同学来借的话，全班同学都会不约而同地说一句话："不借！"

我理解他们那单纯的义愤，但是我又担心这种狭隘的情感和不得体的做法会影响他们的成长。后来，学校举办运动会，这些孩子又故态复萌，他们非常热情地给每一个班加油，可是只要一看到理科班就保持沉默。那次我让他们写关于运动会的周记，在他们那满纸喜悦和自豪的文字中，我终于发现了不同的声音："热爱集体是不错的，但仅仅热爱自己的这个小集体而无视别人，是不是就有些狭隘了？做人，无论是从集体还是从个人的角度来看，都应该有给自己的对手鼓掌的胸襟……"

我把这段话读给他们听，还让他们讨论他们之前的所作所为，那次很多孩子少有地沉默了。我知道，同龄人的文字触动了他们的心灵，在共同的羞愧中，他们的心灵得到了升华，他们在长大。

初三开学，我因为怀孕而离开了这个班级。那天，我只跟新的班主任简单交接了一下，却没有去跟他们告别，我知道学生在教室里等着我，他们可能会因为我不出现而非常失望，但是我实在不忍心面对他们那一双双清澈的眼睛。所以，我只能选择逃避。

中考之后的假期里，学生来看我，还给我儿子带了很多玩具，我说我也要礼物，他们问我想要什么，我说我要你们的作业本，他们都笑了。于是，我得到了朝君和硕硕的两本美丽的摘抄本，还有一直保存在君君那里的班刊以及班长晓琳保存的那一叠全班的照片。这些都成了我的宝贝。我发现自己很像一只喜欢收集东西的乌鸦，只不过乌鸦喜欢的是小石子、小珠子之类的，而我喜欢的是学生稚气可掬的文字和神情各异的照片。也许到我七老八十的时候，我能安静地坐在那里，充满温情地翻着看着这些宝贝，回想起很多很多往事……

我和他们都不会忘记，我们曾经以这样的方式介入彼此的生命，见证各自的成长，这是上天给我们的缘分。他们在心无挂碍地长大，在活泼地往前奔跑，我就在后面收集他们那深深浅浅的脚印并珍藏起来。如果有一天，他们还记得回头来看看，我就会把这些作为最好的礼物回赠给他们。

第三辑

迅哥儿的成长乐园

看见每一个学生

迅哥儿的成长乐园
——在景物描写中看到"人"的活动

在《从百草园到三味书屋》中，鲁迅先生对"百草园"这个乐园的回忆，是从一段景物描写开始的。我在标题里用了引号，是想强调这一段里不仅有景物描写，而且处处都有"人"的活动，文中这个活动着的小孩子在用各种方式感知着这个五彩缤纷的世界。且看：

"不必说碧绿的菜畦，光滑的石井栏"——石井栏这么"光滑"，一定是被迅哥儿无数遍地摸出来的吧！哦，不，他在后文里说自己经常从石井栏上跳下来，是用脚蹭的吧！还好，他没有跳反了……

"高大的皂荚树"——只有仰着头看过皂荚树开花结果的小孩子才能写得出来呢！

"紫红的桑葚"——前面的菜畦"碧绿"，这里的桑葚"紫红"，颜色配得真好，鲁迅先生对美学可是很有心得呀！不信的话，可以去读一读萧红的《回忆鲁迅先生》。

"也不必说鸣蝉在树叶里长吟"——请大家去看一下叶嘉莹先生吟诵古诗的视频，然后再来感受一下鸣蝉的"长吟"是怎样的声音，会不会像后文所写的寿老先生读书读得如醉如痴时发出的声音？

"肥胖的黄蜂伏在菜花上"——可以把这一句话跟萧红在《祖父和我》一文中所写的"蜂子"比较一下："蜂子则嗡嗡地飞着，满身绒毛，落到一朵花上，胖圆圆的就和一个小毛球似的不动了。"萧红写的蜜蜂是动态兼静态的，有声音也有动作，"和一个小毛球似的"这个比喻把蜜蜂写得很可爱，简直是萌萌哒。而鲁迅先生的这一句，只写了黄蜂的静态，"肥胖"与"伏"相互照应，活画出蜜蜂慵懒的静态，用某个学生的话来说，简直就是一个"死胖子"。我突然想起鲁迅先生的很多作品中都会有一个被讽刺的胖子，满脸油汗的、待人刻薄的、高傲自大的……，莫非先生曾经吃过胖子的亏？我不由得哈哈一笑！

"轻捷的叫天子（云雀）忽然从草间直窜向云霄里去了"——很多老师在讲这句话的时候都会关注"轻捷"和"窜"的搭配，我却更关注这叫天子好好的为啥会"忽然从草间直窜向云霄"，难道不是跟一个名叫"迅哥儿"的熊孩子有关吗？

这几句话里所写的好玩的东西已经令我和学生满眼羡慕了，但作者却用"不必说……也不必说……"连接，意思是说，这些天上地下好玩的就不用说了，就算只有一截泥墙根，都好玩得不得了。哎呀，有没有对后面的内容满怀期待呀？当然！

于是，作者以细腻的描写代替摄像机，唰的一下就把我们的视线从"很大的百草园"聚焦到了"周围的短短的泥墙根一带"，而且，还特别点明："单是周围的短短的泥墙根一带，就有无限趣味。"

为什么要聚焦呢？这其实就是以点带面的写法。"短短的泥墙根一带"只是园子里很小的一部分，而且不是园子的主体部分，这里都这么好玩，何况整个园子！

再说，孩子的眼睛总是能够发现大人发现不了的东西，哦，不，这个孩子不单用眼睛看，还用耳朵听："油蛉在这里低唱，蟋蟀们在这里弹琴。"

"低唱""弹琴"，多好听的声音哪！我没有听过油蛉的叫声，但是蟋蟀"蛐蛐……蛐蛐……"的声音却是我从小听到大的，蟋蟀那明亮的带有颤音的叫声，真的很像某种弦乐器的声音，用"拉琴"一词来形容蟋蟀的鸣叫是多么自然、贴切！

孩子在这里还可以探险，不，简直就是遇险："翻开断砖来，有时会遇见蜈蚣。"欸,这种长了一堆脚丫子的毒虫简直吓死人,不是吗?

不过,更多的还是好玩的虫虫:"还有斑蝥,倘若用手指按住它的脊梁,便会啪的一声,从后窍喷出一阵烟雾。"学生说,迅哥儿肯定玩过无数次斑蝥吧,瞧,他的动作多么熟练!

如果说前面主要是在写好玩的活物,那么接下来,一个萌萌哒的小吃货就要登场了:"何首乌藤和木莲藤缠络着,木莲有莲房一般的果实,何首乌有臃肿的根。"

木莲的果实像"莲房",莲房就是南方人常见的莲蓬,新鲜的莲蓬头可以拿在手里,我们可以剥出莲子当零食吃的,对吧?只有吃货,而且是南方人中的吃货,才想得到这样的比喻。比如,萧红就绝对想不到这样的比喻,因为她是北方人,她可能会这样比:"木莲有葵花一般的果实……"

而且,人家迅哥儿是个有理想、有追求的吃货呢:"有人说,何首乌根是有像人形的,吃了便可以成仙,我于是常常拔它起来,牵连不断地拔起来,也曾因此弄坏了泥墙,却从来没有见过有一块根像人样。"

不仅仅要吃,还要吃成仙,理想不可谓不远大,我们可以想见,在他"牵连不断地拔起"何首乌的根的时候,一定怀着美好的期待和即将飞升的庄严感吧。可惜,这一切都没能实现,更糟糕的是,在大人们眼里,这个孩子就是在搞破坏,"弄坏了泥墙"的迅哥儿有没有挨打,我们不得而知,挨训可能是少不了的。

但是,即使"成仙"的愿望不能成真,小吃货的口腹之欲还是得到了极大的满足:"如果不怕刺,还可以摘到覆盆子,像小珊瑚珠攒成的小球。"这里用"小珊瑚珠攒成的小球"来形容覆盆子的果实,既写其色——深红,又写其形——滚圆。"又酸又甜,色味都比桑葚要好得远。"小吃货对视觉和味觉的要求都有一定的水准,绝对是百草园里的资深吃货兼玩家。

所以,经过一句一句地品读,我们会发现,在这一段中,认为作者仅仅是在写景是不对的,他其实是在写一个既有着无穷好奇心又无忧无虑的小男孩怎样变着花样地玩,用我们现在常用的话来说,这才是与大自然的亲近。在这种纯自然状态的玩耍中,迅哥儿得到了快乐和关于动植物的各种常识,这就是鲁迅先生最初"玩中学"的阶段。

包括后面所写的"美女蛇的故事""雪地捕鸟",都是进入私塾正式开始读书之前的迅哥儿在自然而快乐的状态下的学习。前者那个略显恐怖的故事是长妈妈用来吓唬小孩子"倘有陌生的声音叫你的名字,你万不可答应他"(有点像我们现在教育小孩"不要跟陌生人说话"),使"我"开始感觉到"做人之险"(这也是人生不可避免的常态)。后者是闰土父亲的言传身教,再加上"我"的实践,我懂得了"做事不可性急"的道理,这对于我们这些学生难道没有启发吗?人生有很多事都是毁于性急和浮躁的呀!

所以,到这里,我们似乎已经可以说,《从百草园到三味书屋》是一篇写作者成长历程的文章。而成长就要到更大的世界里,遇到更多的人和更多的事,你能想象我们永远都只待在幼儿园里玩耍吗?

所以,尽管满脸的不情愿,迅哥儿也只能被送进三味书屋去读书。而三味书屋的生活,难道真的就如有些人所解释的那样,是受束缚的、不快乐的,是作者要否定和批判的吗?

可爱的寿老先生
——借助人物描写感知作者的情感态度

《从百草园到三味书屋》花了很多笔墨写寿老先生,以前很多解读都是把老先生和"封建教育"绑在一起,统统划归到"被批判"的行列。但是,细品鲁迅先生的文字,却发现,他其实刻画了一位很好玩、很可爱的老先生的形象。

且看文章对这位老先生的外貌描写,只有三句话。

第一句:"他是一个高而瘦的老人。""高而瘦"的人本身会给人一种刻板严正的印象,不信你可以跟"矮而胖"对照来看!在孩子心目中,即使没有听说过"方正、质朴、博学"的传闻,肯定也会对寿老先生肃然起敬吧!

第二句:"须发都花白了。"寿老先生年纪一大把,人生阅历相当丰富了吧,他过的桥比你走的路还多,看到这句话,敬意值一定又增加一个点!

第三句:"还戴着大眼镜。""眼镜"还不算,还是"大"眼镜,那得有多大的学问哪!看到这里,不光迅哥儿,连我们都对寿老先生佩服到顶了!

然而后面紧接着写了一件事:先生面有怒色,严词拒绝回答"我"恭恭敬敬地提出的关于"怪哉"的问题,搞得"我"很受伤,发了一通牢骚,诸如"我才知道做学生是不应该问这些事的,只要读书,因为他是渊博的宿儒,绝不至于不知道,所谓不知道者,乃是不愿意说。年纪比我大的人,往往如此,我遇见过好几回了"之类的话,估计这小子此时对老先生的敬意也打了些折扣吧。但是,迅哥儿毕竟是具备好学生的素质的，他并没有因为被先生训了一下就觉得心灵受到一万点伤害，也没有去搞各种叛逆的小动作，而是"我就只读书，正午习字，晚上对课"——就是嘛，你到三味书屋寿老先生这里本就是为读书举业而来，这一点如果做不好，还有什么好说的呢！"先生最初这几天对我很严厉，后来却好起来了"——当然会是这样的，起初的严厉是为了立规矩的，后来看你不仅遵守纪律，而且还是个读书很有天分也肯努力的好学生，先生怎么可能对你不好呢？而且，从"给我读的书渐渐加多，对课也渐渐地加上字去"可以看出，老先生教育自己心爱的门生是多么用心。我觉得鲁迅先生写到这里一定有自豪感和对老师的感激之情。

后面对老先生又有"大叫起来""瞪几眼""大声道"等描绘，虽是白描，但却能感觉到其中略有调侃和不大恭敬的意味。文中有几句话："他有一条戒尺，但是不常用，也有罚跪的规则，但也不常用……"可以看出，虽然老先生教书沿袭了一般私塾先生的路子，但是他的心地却是不错的，在那个教师可以理直气壮地体罚学生的时代，很少体罚学生的寿老先生实在太难得了！鲁迅先生的母亲也曾经说过，当初之所以把鲁迅送进三味书屋而不是别的私塾，就是因为寿老先生不打孩子。

此后，作者描写了学生遵先生之命放开喉咙大声读书，其实却是小和尚念经似的有口无心。最好玩的是后来，当学生的声音渐渐低下去，开始自得其乐地做小动作时，先生自己却正读得如醉如痴："……微笑起来，而且将头仰起，摇着，向后面拗过去，拗过去。"你怎能想得到那么严正刻板、不苟言笑的老先生竟然在大声朗读一篇描写酒席上"铁如意，指挥倜傥""金叵罗，颠倒淋漓"的狂态各异的文字，而且能忘我到这种样子，他似乎完全忘记了面前有一群顽童正在调皮地盯着他，还挤眉弄眼的呢，多可爱的一个书痴呀！

我们读着鲁迅笔下的寿老先生，只觉得心中流淌着一股暖流。鲁迅先生写自己当年的老师，所用的笔调不再是尖锐的讽刺，而是一种善意的描绘，我们都喜欢读这样略带调侃的文字，还会会心地微笑。

《从百草园到三味书屋》中的两个"算是"
——关注反复出现的词语

在讲解《从百草园到三味书屋》这篇课文时,一个学生提问:"文章第十段里有一句话:'第一次算是拜孔子,第二次算是拜先生。'是就是,不是就不是,'算是'怎么讲啊?"

这个学生读书很细致,还提出了一个非常有意思的问题。我们首先明确,"算是"的意思是"不是而勉强充当"。

为什么这样说呢?文中说得很清楚,学生到了书屋,拜的不是孔子,因为那里没有孔子画像,甚至连牌位都没有。虽然先生站在那里,但学生没有直接拜他,而是对着一块匾和一幅画(作者特别强调那画上的伏鹿)行礼,行了两次,第一次算是拜孔子,第二次算是拜先生。你不觉得这种拜法很奇怪吗?

孔子是封建文化和教育的祖师爷,是几千年来一直被中国人顶礼膜拜的大圣人,而寿老先生是书屋的主人,是直接传道、授业、解惑的老师,为什么不直接受学生一拜?

你看匾上的字:三味书屋。啥叫"三味"?对此,寿老先生的儿子曾经解说:"三味者——布衣暖,菜根香,读书滋味长。"这是中国文人理想的处世之道,意即甘于物质生活的简朴,但追求精神生活的无限丰富。这应该是孔子他老人家倡导的一种人生境界吧,岂不闻"贤哉回也,一箪食,一瓢饮,在陋巷,人不堪其忧,回也不改其乐。贤哉回也"?

再看那幅画:上面画着一只很肥大的梅花鹿伏在古树下。

这画的含义可就很功利了："伏鹿"者，"福禄"是也，这是很有中国传统特色的一个好口彩。那么"福禄"从何而来？当然是读书举业，然后升官发财了！

"哦！"学生说，"这才是他们读书的目的呀！这种功利的目的超过对孔子和老师的尊敬了。"

细细琢磨一下，那块匾和那幅画传递出来的人生态度其实是自相矛盾的，可是它们却很滑稽地被放在一起，还让学生郑重地拜了又拜，喜欢"顺手一棒子"的鲁迅先生就这样轻描淡写地讽刺了一下封建教育的功利目的。

三味书屋的学生读书为啥不断句
——小标点，大作用

我与学生一起读《从百草园到三味书屋》，读到"于是大家放开喉咙读一阵书，真是人声鼎沸"时，学生都笑起来，我也笑了，因为我知道，鲁迅先生笔下放开喉咙大声念书的孩子让他们想到了自己平时读书的样子。于是，我干脆就请他们来朗读文中孩子们读的那四句话。

一个学生站起来很大声地读："有念'仁远乎哉，我欲仁，斯仁至矣'的，有念'笑人齿缺曰狗窦大开'的，有念'上九潜龙勿用'的，有念'厥土下上上错厥贡苞茅橘柚'的……"

我让其他学生来评价，一个学生说："我觉得她读得很好，就是断句有点不对，'上九潜龙勿用'，还有'厥土下上上错厥贡苞茅橘柚'都断错了句。应该是'上九，潜龙勿用'，另一句应该是'厥土，下上上错；厥贡，苞茅橘柚'。"

我肯定了他的回答，顺势提出一个问题："你们有没有注意到，鲁迅先生在写这四句话的时候断句了没有？"

学生说："文中这四句话没有标点符号，也就说明没断句。"

我又问："那么先生读的那几句话有没有断句？"

学生一听连忙仔细看原文，很快发现文中先生读的那几句话不但断了句，而且在"一座皆惊呢"和"千杯未醉嗬"后面都有一个颤巍巍的符号。

我继续问："鲁迅先生为什么要这么写呢？"

对于这个问题，学生的兴趣高涨，纷纷举手发表自己的看法，一个学生说："因为这些学生根本不知道自己读的是什么，只是先生要他们读，他们不能不读，他们便有口无心，放开喉咙读了一阵子，然后'声音便低下去，静下去了'。"

有学生说："学生读的几句话按理说是应该断句的，但是可能因为这些小孩子有口无心地乱读，所以鲁迅先生写这几句话的时候就没有断句了。"

还有学生说："鲁迅先生这么写是想表现学生读得不如老师入神。"

又有学生说："我感觉迅哥儿好像在偷看先生读书一样，文中写寿老先生读书不但有断句，而且抑扬顿挫，还写了先生的样子——'把头拗过去，拗过去'，一定很有趣。"

我说："是呀，大家读书很仔细，从加不加标点这些看似很不起眼的细节中发现了鲁迅先生描绘人的方法，这真的很了不起。这也说明一些经典文本中无论是用词还是标点，都可能藏着解读文本内涵的密码，希望以后大家能有更多的发现。"

玩乐，读书亦乐

——抓住相关文字，联系写作背景，理解文中"我"以及作者"我"的情感

"迅哥儿在三味书屋的生活快乐吗？"我提出这个问题后，学生仔细阅读了原文中的相关文字，并进行了思考和讨论。

一个学生说："文中说，'先生最初这几天对我很严厉，后来却好起来了，不过给我读的书渐渐加多，对课也渐渐地加上字去，从三言到五言，终于到七言'，我觉得，迅哥儿在三味书屋的生活是快乐的，因为他非常喜欢读书，我认为这句话中'终于'一词能够体现他是喜欢读书的，'终于'有'总算到了'的意思，只有真正喜欢才会很盼望达到一定高度，所以才用到这个词。"

我肯定了他的想法："这位同学很敏感，他抓住了一个关键词'终于'，体会到迅哥儿喜欢读书，这一点很不容易。"

又有学生发言："我注意到，在第十六段里面，说'先生最初这几天对我很严厉，后来却好起来了，不过给我读的书渐渐加多'，写这些想表达什么呢？"

我接过她的话，顺着这个问题继续提问："对呀，这句话中出现了两次'我'，三味书屋里不是只有迅哥儿一个人，从后文和前文都能看出来，他和很多的同学一起读书，那么在这里为什么先生单单给'我'读的书渐渐加多呢？"

一个学生说："鲁迅先生小时候就很喜欢读书，在《阿长与〈山海经〉里》他写过自己为了得到一套《山海经》，饭也吃不下，觉也睡不

好，我觉得三味书屋里的先生应该看出了他是比较喜爱读书的，所以才单单给他读的书渐渐加多。"

另一个学生说："给迅哥儿读的书渐渐加多，而且也'从三言到五言终于到七言'，可能是因为迅哥儿学习成绩好，所以先生在给他开小灶呢。鲁迅先生写这段话，可能也是想告诉我们，先生对他格外赏识，格外关照，并且他读书有很大进步，这也是一件开心的事情。"

我说："所以说，迅哥儿虽然一开始并不情愿去读书，但是文中他在三味书屋的生活却也充满乐趣。不过，大家有没有发现，三味书屋的生活和百草园的生活，虽然同样都有乐趣，但是这两段生活的乐趣似乎有所不同，两者的不同在哪里呢？"

一位学生回答道："我觉得百草园之乐应该是无拘无束的，而三味书屋的快乐却是有些偷偷摸摸的。"

我顺势又问："既然前面在百草园当中的快乐是无拘无束的，而在三味书屋里的快乐是有约束的、不尽兴的，那咱们就让迅哥儿一直待在百草园里好了。就好比你们现在，十二岁进初中了，很多同学都感觉到压力山大，那如果让你们回到幼儿园去，你们觉得怎么样呢？"

学生听了这个问题，都笑起来，有人说："我妈妈不让！"于是笑声更大，有人却开始认真思考，一个学生说："我觉得肯定是不行的，因为在三味书屋中还可以体会到读书和学习知识的乐趣，谁说只有玩才会有乐趣？人总是要长大的嘛，可以有的乐趣多着呢。"

大家又笑了，我肯定了他的想法，又问："现在我们再来看文章的标题《从百草园到三味书屋》，大家是不是对其中的'从……到……'有了更深的理解？"

一个学生说："我觉得这是一种成长的蜕变。"

我说："成长的蜕变，说得非常好！可以具体说说吗？"

她说："这个标题其实已经告诉我们正文要写的主要内容，即作者在百草园与三味书屋的两段生活。'从……到……'的使用意味着转换——地点的转换，以及时间上的转换，不过后者似乎更重要，因为时间的递进意味着年龄的增长，即成长。可以这么说，'百草园'的生活代表着迅哥儿自由自在的快乐的童年生活；'三味书屋'的生活代表着迅哥儿有束缚也有收获的少年求学的生活。它们不是对立的，而是迅哥儿人生中的两个连续性阶段，都见证了作者的成长，也是人到中年经历了很多人事风波后温暖的记忆。"

大家都为这个学生有条理的发言鼓掌。我又问："接下来我们还要思考一个问题，四十五岁的鲁迅先生在经历了很多事情之后，还写百草园那有声有色有味道的生活，写那个非常有趣好玩的心地还不错的寿老先生，写这个三味书屋里面他跟小伙伴们偷玩、开小差，以及自己书读得很不错很受先生赏识等事情，他想要借助文字传达一种什么样的心情呢？"

一个学生说："我觉得作者肯定很想念、很留恋以前的生活。"

还有一个学生说："我看过鲁迅先生写这篇文章的背景资料，那个时候鲁迅刚好从北京被轰到厦门去了，然后，他又被厦门大学轰出来了。可能因为现实不太美好，所以他想要写一些自己小时候比较美好的事情，借此来安慰自己吧。"

我说："我觉得同学们都很不错，你们主动去了解鲁迅先生的一些经历，并试着用这段经历来解释写这篇文章时鲁迅先生的思想感情，这个方法是非常可贵的。当然，有了背景资料，更要借助文章中的具体语句去思考，这一点，大家做得非常好。"

《背影》可以教什么
——从写作的角度来引导学生阅读

朱自清的经典散文《背影》里可以教的内容很多,从写作的角度来看,本文至少有两个问题值得关注。

第一个是作者对于材料的取舍。这可以分解为以下几个小问题:

1. 作者与父亲之间发生了什么?
2. 作者在文中写了什么?没写什么?
3. 为什么要这样选择?

通过查阅相关资料,我们可以知道作家与父亲之间发生过很多冲突:

1. 1916 年,朱自清考入北京大学预科,后因父亲失业,朱自清为减轻家中负担,提前报考北大哲学系。此时朱自清已婚,父亲因家境败落而迁怒于朱自清的妻子。

2. 1920 年,朱自清北大毕业,1921 年回扬州省立八中任教务主任,父亲凭借与校长的私交,直接取走儿子当月的全部薪水,引起朱自清的不满,朱自清愤而离开扬州,到温州等地任教。同年冬他将妻儿从老家接出,在杭州建立了小家庭。父子失和。

3. 1922 年暑假,朱自清想缓和与父亲的关系,带妻儿回到扬州,然而并未得到父亲的原谅,于是他再次离开。

4. 此后,朱自清与父亲冷战数年。父亲不肯向儿子认错,以惦记孙子的名义与朱自清书信来往。

而在 1925 年写成的《背影》一文中,作者详细描述的是 1917 年冬天父亲到南京浦口车站送他回北京上学的事。在对这件事的描述过程中，作者着意表现的是父亲对儿子无微不至的关爱，以及儿子对父亲的爱由不太理解到深切感动的心路历程。父子俩之间激烈的冲突则一笔带过。

一是在文章的开头："我与父亲不相见已二年余了……"

这句话暗含了朱自清在1922年暑期回乡想与父亲和解，却遭拒绝，之后再次离开的一段往事。但是作者并未明说，读者如果稍微粗心一点，就会把它当作是一句普通的交代，不会特别关注。

二是在文章的第七段："他触目伤怀，自然情不能自已。情郁于中，自然要发之于外；家庭琐屑便往往触他之怒。他待我渐渐不同往日。"

结合现实情况来看，会发现父亲与"我"的龃龉不仅仅是父亲"情郁于中，发之于外"这么简单。于是，便有人笑称朱自清以此文"骗人"，学生也只有在了解这些背景之后再阅读此文，才能理解。虽然散文应该是真实的，但是文学作品所呈现出来的真实，大多都不会是生活原始的状态，而是经过精心选择材料而呈现的一种真实，这种选择跟作者究竟想要表达什么情感密切相关。

1925年的朱自清已经27岁，工作六年，还是三个孩子的父亲，也算是尝过了生活的艰辛滋味，他对于父亲当年穷愁交迫的心境理解之深，与浦口车站送别时又有不同。再加上父子之间的矛盾已经过去了几年的时间，怨气已被时间渐渐冲淡，父亲又以惦记孙子为由主动求和，更何况父亲有一封信提到自己"膀子疼痛厉害，举箸提笔，诸多不便，大约大去之期不远矣"，这一切加起来足以抵消儿子的任何怨气。写作本文的朱自清当时一心想要表达的，除了对父亲满腔的爱，也许还有一些愧疚吧。所以，此文必定不会将之前林林总总的父子矛盾都呈现出来，否则，本文要表达的就不再是父子之情，而是一个儿子对父亲的声讨了。

写作的目的和主旨决定了材料的选择，这是必然的，学生在写作中也应该注意这个问题。

第二个是各个材料之间有着怎样的联系。《背影》一文，写的主体事件是父亲送"我"上火车并为我买橘子,另外,还写了当时我们的家境——祖母去世,父亲失业,以及第七段含糊的父子失和与和解。此外,作者还略写了之前父亲踌躇再三决定送"我"上车,以及在车站与脚夫讨价还价和叮嘱茶房照应"我",还看似无意地提到"我"当时对于父亲的看法和不解。如果细读这些内容就会发现,它们与主体事件有着密不可分的关系,如祖母去世、父亲失业,他不得不变卖家产还亏空,才有后文与脚夫讨价还价说话"不大漂亮"的父亲,以及买橘子时衣着寒酸、老态龙钟的父亲形象,才有了对于当时自己自作聪明却不理解父亲的自责,才有了"这时我看见他的背影,我的泪很快地流下来了"的辛酸与感动。

学生在写作中,往往会更注重表述主体事件,而忽略了必要的背景交代,所以,老师可以借助本文第二、三段与主体事件有联系的内容,引导学生关注背景,并在写作中加以运用,必能使作文内容更充实丰满,也更能够打动人。

《背影》"写了什么"和"没写什么"
——作者剪裁材料的匠心和文字的"言外之意"

细细琢磨朱自清的散文《背影》,会发现作者在"写了什么"和"没写什么"方面很有讲究,也很有意思。

比如作者在材料的剪裁方面,即"写了什么"和"没写什么"就大有文章。比如,写父爱,可以写的事情有很多,可是作者只选取了与"背影"有关的事情来写,在作者与父亲相处的几十年中与"背影"有关的事应该也有不少,但是作者只选取了某次站台送别的"背影"来写,这就使情感的抒发有了集中的落脚点。再比如,写父亲过站台为"我"买橘子,前面浓墨重彩地描写了父亲如何艰难地爬上爬下才到达那边月台,之后"我"流泪,拭泪,紧接着就写父亲回来的情形,关于父亲如何买橘子的情形只字未提,如果你以为这里是因为"我"在忙着拭泪,所以没有看到父亲买橘子的情形,那就被作者瞒过了。其实,前文已经说了,"我"流泪之后赶紧拭干了泪,并未因为拭泪而错过什么,是因为父亲买橘子这一幕跟文章主题没有关系,所以作者才干脆省去不写。同样的表达也见于文章最后一节:"情郁于中,自然要发之于外;家庭琐屑便往往触他之怒。他待我渐渐不同往日。"怎样的"家庭琐屑"?怎样的"待我渐渐不同往日"?作者在这里故意含糊过去,其实是因为现实生活中朱自清与父亲之间发生的冲突没有办法用谁对谁错来评判,照实写出来全无必要反而可能使本文所要表达的父子之情变得混乱,而且写作本文时身为人子兼人父的朱自清对父亲除了愧悔自责已全无怨恨,于是才这样处理。教学中教师不但要让学生体会到作者这种写法的匠心所在，还要让学生在写作实践中学习应用。学生在写作中经常出现的一个问题是不会取舍材料，另一个问题就是缺乏好的构思，往往把几个材料平铺直叙地写一遍就算完事。这篇文章在这两个方面都是很好的写作范例。

　　这篇文章在语言上可谓惜字如金，简洁至极，然而，文中却有一些反复出现的语句，如果抓住这样的"高频词句"来仔细推敲，可能就会对文本有更多的感悟。如第四段和第五段，写父亲为"我"做了很多事，但是，这两段里作者不厌其烦地写了很多父亲本可以不必亲自送我，更不必事必躬亲替我做那些琐碎的事的理由："事忙"，并且已经托了一个熟识的旅馆茶房去送我，还有，"我那年已二十岁，北京已来往过两三回，是没有什么要紧的了"。在这两段中作者几次写到自己当时以及写作本文时的感受："总觉他说话不大漂亮，非自己插嘴不可""我心里暗笑他的迂；他们只认得钱，托他们只是白托！而且我这样大年纪的人，难道还不能料理自己么""我那时真是聪明过分""唉，我现在想想，那时真是太聪明了"。仔细琢磨这些语句，发现作者是在强调父亲对儿子的爱之深切，以至于情不自禁地要去帮儿子做那些本可以不用做的琐事。从实用价值的层面来说，他做这些并没有多大意义，但从另一个层面来说，父亲是在用这样的方式来表达自己的爱子之情，这就从实用的层面上升到了审美的层面，也正是这一点深深打动了读者。而作者两次写到自己"太聪明"，字里行间更是流露出儿子对自己当初不理解父亲的处境和心情，甚至不屑于这种父爱的愧悔和自责，也是儿子对父爱的回应，这样父子之情就不再是父爱的单向表达。

　　第六段描写父亲穿过月台为儿子买橘子的背影，作者花了很多笔墨描写父亲连为儿子买橘子这种小事都要不辞辛劳地亲力亲为，这一段的动作描写历来为读者所关注。通过这些描写，读者能够体会到父亲的拳拳爱子之情。然而这一段中作者对父亲穿着的特别描写却往往容易被忽略：见他戴着黑布小帽，穿着黑布大马褂，深青布棉袍……

其实这样的描写放在这里是有些"反常"的，因为按常规来说，这里只需描写父亲艰难地穿过铁道的动作就可以了，似乎并无必要写他的穿戴。但是，作者不但写了，而且还连用了两个"黑"，三个"布"。作者想要强调什么呢？联系前文，我们可以发现，一个"黑"字与前文所写的家中的丧事相呼应，再一次触动"我"心中亲人离世的伤痛，一个"布"字，让儿子以及读者都痛切地感受到父亲半世潦倒的艰辛处境。再与前文中"我将他给我做的紫毛大衣铺好座位"联系起来看，就会看出作者特意点明父亲的衣着是"布"，而我的"紫毛大衣"是"他给我做的"用意所在。这样联系之后我们便可以感受到父亲虽然自己穷困潦倒但也不肯委屈儿子的苦心。所有的这些都被儿子看在眼里，儿子当然会百感交集，触目伤情，以至于"泪很快地流下来了"。

更有意思的是，文中还有一些故意的留白，比如写父亲买橘子回来之后，他"扑扑衣上的泥土，心里很轻松似的。过一会说，'我走了，到那边来信！'""扑扑衣上的泥土"与"过一会说"之间，很明显有一段留白，就像电影正放得好好地却断片了似的。实际上这两句话之间的空白并非真的空白，这里其实暗写了父子俩的相对无言。儿子不说话是因为心里百感交集，说不出话；父亲不言语也许是因为无须多说，他可能更习惯于用行动来表达爱。妙就妙在虽然父子俩不说话，但是父亲并未马上离开，而是"过一会"才离开。从这段没写出来的空白之处，读者可以深切地感受到文中父亲当时的恋恋不舍。这就如同一首曲子当中的间歇一样，虽然暂时无声，但"此时无声胜有声"，这种"不写之写"，给读者留下了无限的想象空间。

诗人和朋友的关系怎么样
——设置一个好问题,引导学生品味平淡语言背后的深意

这节课学习孟浩然的《过故人庄》。

过故人庄

孟浩然

故人具鸡黍,邀我至田家。
绿树村边合,青山郭外斜。
开轩面场圃,把酒话桑麻。
待到重阳日,还来就菊花。

大家一起把诗歌读了几遍之后,我提出一个问题:"你们说,从这首诗里看,诗人跟朋友的关系怎么样呢?"

学生一听乐了:"那还用说吗?当然好了!"

我问:"你们怎么知道的呢?"

学生又笑:"当然是从诗里看出来的呀!"

我说:"可是,我觉得只是笼统地感觉到诗人和朋友关系好可能还不够,我们还要通过细细地品读,找出证据,来感受诗人和朋友的关系是怎么个好法。"

一个学生举手说:"诗歌一开头就写朋友邀请诗人去家里做客,这就

说明他们关系好！"

我赞许地说："没错，是这样的，诗歌一开头就告诉我们：故人具鸡黍，邀我至田家。提醒大家注意这两句诗，诗人把去故人家里做客这件事写得很随意，故人只是'具'了一些吃的，一'邀'，诗人立刻就'至'，你们怎么看？"

听到这个问题，很多学生的眼睛亮了，似有所悟，一个学生很兴奋地站起来说："我知道了，这里的邀请越随意，就越让人感到诗人和朋友的关系特别好。如果关系没那么好，大概就需要很正式的邀请，比如要隆重地准备酒席，可能还要下请帖呢。"

我肯定了他的回答，又换了个问题："你们注意到他们吃的是什么了吗？"

学生很快就找到了"鸡黍"，这回不用我说什么，一个学生主动解释："老朋友准备的食物只是普普通通的鸡肉和黄米饭。那鸡肉一定来自他们自家喂养的土鸡，黄米也一定是他们自家田里种出来的。饭菜虽然简单普通，但是味道很香，因为其中满是朋友的深情厚谊呀。关系还不是一般的好呢。"他的话逗得大家都笑起来。

我也帮他补充："我想起以前读过一篇文章，说知心好友聚餐，往往不在乎吃些什么，可能一两碟不起眼的菜肴，一壶酒，就足够让他们开心地在一起度过大半天了。你们觉得是不是这个道理？"学生笑着点头。

我接着问："你们注意了吗？这两位老友边喝酒吃菜，边聊些什么呢？"

学生说："桑麻，注释里的解释就是指庄稼。"

我说："桑麻是当时农村比较常见的农作物，他们的话题似乎很随意呀。你们注意过家里来客人的时候父母跟他们聊天的话题吗？比如领导？老师？亲密的朋友或同事？"

学生又笑了，纷纷举手："如果领导来了，客套话比较多……"

我笑曰："比如说，今天天气——哈哈哈！"学生哄堂大笑。

"要是老师来了,他们就聊我的学习,数落我或者夸奖我。爸爸妈妈对老师非常客气,他们要给老师留个好印象嘛!"

"要是他们的朋友来了,聊的话题可就多了,也比较随意。"

我说:"是呀,越亲密的人聊的话题就越随意。你看诗人和他的老朋友见了面,聊的话题无非是庄稼怎么样了,并没有聊文学、人生这些比较庄严的话题,更没有聊做官之类的……"

一个学生很大声地说:"孟浩然没有做官!"

我笑了说:"你说得很对,但是呢,没有做官不等于他不想做官。"

这时,我把孟浩然的生平用幻灯片放给他们看:"诗人一生没有做过官,基本上过着隐居生活。早年主要在家闭门苦读,四十岁时来到长安,渴望出仕,但长安之行求官失败。"

学生点头,表示明白了,突然有个学生恍然大悟:"难怪呀,以前学过孟浩然的一首诗叫《宿建德江》,感觉他好像坐着船在外面流浪,很忧愁、很难过,是不是也跟他没得到官职有关系?"

我肯定了他的回答,并表扬他善于融会贯通,大家也赞叹这位同学的联想能力。

我们接着讨论。这时浩浩同学站起来说:"我还发现,诗的结尾说'待到重阳日,还来就菊花'。也就是说诗人跟朋友相约,等到重阳节再来一起看菊花。我知道重阳节是要全家人一起佩戴茱萸登高的日子,这么重要的节日他们都要一起过,可见关系非常亲密,情同家人。"

别的学生恍然大悟,都用很崇拜的眼神看着发言的浩浩,有的还在拍脑袋,大概懊悔自己没有抢到这个发言的机会吧。

我非常高兴,大大表扬了这位知识丰富而且善于发现的学生。然后又说:"不过,有个细节我们要注意,诗歌最后两句话并没有告诉我们诗人和朋友是相互约定的,可能是诗人自己主动提出来的要求。一般来说,到别人家做客要主人邀请才能再来,可是诗人居然大大咧咧地主动要求:'哎,老伙计,重阳节俺还要来跟你一起看菊花呀!'"学生大笑。

"都亲密到不拿自己当外人了，多可爱呀，想必主人一定笑呵呵地连连点头吧！"学生也很开心地连连点头。

我说："你们看，读到这里，我们就发现，原来诗人平平淡淡的语言中蕴含了这么多深意。这也正是孟浩然诗歌语言的特点。我们一边读诗，一边细细地品。在品味语言的同时，既联系到了诗人的一些资料，也联系到了我们自己的生活经验，于是品出了诗人跟朋友之间令人羡慕的淳厚的友情。我希望你们也能够拥有这样的友情，那也是一种幸福哇！"

最后，我又抛出了一个问题："你们注意到了吗？刚才浩浩同学说了，重阳节的习俗是佩戴茱萸登高，但是诗人在这里既不是登高，也不插茱萸，偏偏是再来看菊花，为什么呢？"

说到这里，我停了下来，我不急着要他们回答，因为我知道，不用等待很久，一定会有很多学生来追着我七嘴八舌地说："老师，老师，我知道了，我知道了……"

试着跟古人讲个理
——引导学生用思辨的眼光阅读经典

我跟学生一起读《晏子使楚》，当读到晏子把楚王说得哑口无言时，我问学生："如果你是楚王，你会如何反驳晏子？"

思考片刻，一个学生说："晏子呀，请你举出'民生长于齐不盗，入楚则盗'的实例来吧，一个就好。"

我们听了都很赞同地点头——咱不玩虚的，咱用事实说话，有这个意识好！

另一个学生说："晏子先生啊，就算你说有的齐国人在齐国的时候不偷，跑到楚国来就偷是真的，也不能证明所有的齐国人都这样啊！"

我跟着点评："嗯，他敏锐地揭示了晏子偷换概念的问题，厉害！"

然后，我问："还有别的吗？"学生不语。

过了一会儿，一个学生说："那么，即便橘子生于淮南和生于淮北会变成不同的品种，就能说人也如此吗？"大家哗然，继而鼓掌。

我也一起鼓掌，并跟进说："比喻可以让表达变得形象，但用来说理可能就很蹩脚。"

问题是，在古文当中有无数这样蹩脚的说理，却被奉为经典，希望我们不要被迷惑。

再试举一例：

我和学生一起读《愚公移山》，谈到"河曲智叟"，我问学生："如果你是智叟，你也会'亡以应'吗？"

这个问题让学生小小地兴奋了一下，然后，连珠炮似的反驳就蹦了出来：

"你怎么保证'子又生孙'，而不是孙女？"

"你怎么保证不会断子绝孙？"（额，这个有点狠）

"你怎么保证子孙们一定愿意去帮你搬山？他们就不能有自己喜欢的生活方式吗？"

还有一个小科学迷说得更有趣："科学证明，地壳是在运动的，山明明是会长高的，你怎么能说'而山不加增'？"

再比如孟子的《得道多助，失道寡助》：

孟子曰："三里之城，七里之郭，环而攻之而不胜。夫环而攻之，必有得天时者矣；然而不胜者，是天时不如地利也。城非不高也，池非不深也，兵革非不坚利也，米粟非不多也，委而去之，是地利不如人和也。"

学生问："道理好像没错，但是，这'三里之城'是哪座城？'环而攻之'是在什么时候？'委而去之'是谁干的？你说的是真事吗？"

论据都是编的吗？哦，免谈！

元方：奶声奶气的"方正"娃娃
——分角色朗读，理解人物形象的有效途径

这节语文课是学习古文《陈太丘与友期》。

我们分角色朗读，男生读"友人"部分，女生读"元方"部分，剩下的内容，归我读。

读到"非人哉"那一段的时候，男生一起提高了音量，加重了语气，大声咆哮，简直比那个愤怒的友人还要怒不可遏。

然后就是女生的"元方"，奇怪的是，她们不约而同地选择了细声细气、心平气和。

第二遍朗读，男生和女生调换了角色，这次"友人"的腔调如旧，"元方"的声音却浑厚了许多，还有点声色俱厉的感觉。

课文读完之后，我问："你们觉得谁读得更好哇？"

"当然是老师啦！"有捣蛋鬼抢先说。

"谢谢！那除了我呢？"我经常这样毫不谦虚地把学生的夸奖照单全收，他们也习惯了。

"当然是男生啦！"所有的男生异口同声。我已经在点头了，有个女孩马上举手："老师，我不同意！"

我示意她可以发言。她站起来，先问："你们男生为什么觉得女生读得不如你们？"

"你们那个元方说话太没力道了！"一个男生接话。

"不，我们恰恰觉得，读元方的那几句话不能跟读友人用一样的腔

调！太有力道是不对的。"女孩子说。

这倒是个我备课时都没想到的新问题，我一下子来了兴趣，直觉告诉我，这个问题应该非常有趣而且很有讨论价值。于是，我不再进行下一个环节，而是笑眯眯地听女生们讲。

"元方只是个七岁的孩子呀（没错，原文曰：元方时年七岁），他说话的时候肯定是童音，就像我们女孩子的声音（常识）。"

"元方是陈太丘的儿子，既然那么懂道理，家教一定不错，而且他面对的又是父亲的朋友，他怎么可能像吵架一样跟人大吼呢？"（以己推人，有理）

"虽然元方听到父亲友人的话以后很不开心，但他不是跟对方暴跳如雷地争吵，而是在教育父亲友人呢！你看，元方的道理一条一条讲得多清楚。如果气呼呼的，那就是吵架而不是讲理了。"

…………

我把她们的理由一条一条地写在黑板上，等到有男生也开始点头的时候，我的心里已经很有底了。于是，我问："你们回去都浏览过《世说新语》了吧？谁能告诉我，这一篇文章被归在哪一类里？"

"方正！"马上有男生回答。

"对呀，那什么是'方正'呢？"

"正派，正直……"学生因为刚学过《从百草园到三味书屋》，所以答得极快。

"那么，你们觉得用'方正'这个词语形容一个孩子合适吗？"

有人笑嘻嘻地摇头，有人用力点头，也有人皱起眉头。

我先找了个摇头的学生，他说："我看不合适，这个词形容寿老先生那样德高望重的人还差不多，小孩子哪有资格呀！"于是一片附和声。

我又找了个点头的学生，他说："我看合适，虽然元方年龄小，但是你看他比那个友人懂得道理多，而且还能那么义正词严地教育大人，怎么不能称'方正'啊？"一片会意的笑声。

"那么你们说,这样一个年龄很小却很老成的,满嘴说大人话的小孩,用什么语气读他的话更合适?"

"慢一些。""平静一些。"学生七嘴八舌。

我表示同意,又加上一句:"慢,平静,甚至有点奶声奶气也不过分,但这并不等于软弱,前面女同学们处理得很好,但如果再理直气壮一些就更好了。"我们又试着读了一遍这段对话,效果好多了。

最后,我又说了一点"题外话":"俗话说,有理不在声高。有时候,面对别人的无礼,你的语气越平静反倒越有力,关键在于你的话句句是理,让对方反驳不得。所以说,虽然元方只是个奶声奶气的娃娃,却可以名列'方正'第一篇呢!你要是能做到,也可以登上'方正榜'啦!"

称谓，解读小说的"通关密码"
——由小说《雁》中的称谓引发的一场讨论

上课之前，学生已经阅读过《雁》这篇小说，所以我先请一个学生概括故事情节。他说："这篇小说讲了一只母雁受伤，掉到张家的鹅群里，张家夫妇帮她治好了伤，但是剪掉了她翅膀上的羽毛，她再也飞不起来了，所以就和公雁一起自杀了。"

我肯定了他的答案，然后提出一个问题："大家有没有注意到，这位同学对小说中人物的称呼跟原文不太一致？"

一个学生回答："原文中一直称张家夫妇为'张家的男人和女人'。"

我问："这种称呼给你们什么感觉？"

学生说："这样的称呼似乎能表现出作者不太喜欢他们俩。"

另一个学生替他补充："男人、女人都是很笼统的称呼，单看这个称呼，没有身份，也没有个性，就觉得这俩人特别平庸，让人没有好感。"

又一个学生回答："如果称他们为夫妇，就会让人感觉他们之间的感情很亲密，现在分开称呼，就觉得他俩并没有那么亲密。"

我说："你们觉得张家的男人和女人平庸，能举例子说说吗？"

一个学生说："他俩做事除了考虑利益，别的全不考虑。比如，他们决定养这只雁不是因为心善，而是因为觉得雁下的蛋一定能卖好价钱。"

又一个学生说："最可恶的是后来他们为了防止雁再一次飞起来就把雁翅膀上的羽毛剪掉了，这等于断送了这只雁的活路哇。"

我表示很认同他的想法，并提醒他注意，原文中是"剪掉了她翅膀上漂亮而坚硬的羽毛"，你能体会到作者用"漂亮而坚硬"来修饰羽毛的用意吗？

学生说："我感觉好可惜呀，那么漂亮的羽毛，而且是经过无数次飞行锻炼才形成的坚硬的羽毛，就这样被剪掉了。我查过的，鸟类翅膀上的羽毛一辈子只能长一次……"

我说："是呀，不仅作者在表达惋惜，我们也因此觉得惋惜，甚至愤怒，他们这种愚蠢的举动不仅断送了一只雁的生命和梦想，而且还断送了一份美好的爱情。所以，有的时候庸人作恶，危害性不比恶人作恶小到哪里去。"教室里一片唏嘘。

我又说："请大家注意作者写张家男女时的用语，处处流露出讽刺的意味，比如'张家白白捡了一只大雁，他们喜出望外'这样的语句，大家可以想想，他们'望'的会是什么呢？"

马上有学生回答："赚点小钱，吃吃喝喝，能活着就行。"别的学生都笑了。

我又说："捡到这只雁属于'望外'，再联系前面'白白'一词来看呢？"

有学生立刻醒悟："哦，对于张家男人和女人来说，不花钱能得到一只雁是一件特别划算的事，这算计真够精明的。"

另一个学生说："对呀，他俩决定把雁养起来之后，马上就考虑到没有多少人吃过大雁蛋，'一定能卖个好价钱'，真是满脑子都是利益的算计。"

又有学生说："你看他们捡到雁要'商量过'才决定把她留下来，而后又'齐心协力'地照顾伤雁，'商量过'和'齐心协力'这两个词似乎让我们感到这对夫妻好像也很亲密似的。可是前面说，他俩商量过把雁留下来是要把她当鹅来养，让她下蛋，后来又剪掉雁的翅膀，造成雁夫妇的悲剧，所以张家这对夫妻的亲密也只能让我想到一个词——'狼狈为奸'……"

我补充他的话说:"关键是他俩倒是'商量过了',可是他们跟雁商量过吗?就算是雁受伤了掉进他们家的院子里,他们也没有权利决定雁的人生,哦不,雁生,不是吗?"学生纷纷点头表示同意。

我说:"所以说,这才是问题的关键。张家的男人和女人跟大多数普普通通的百姓一样,为自己的生计忙碌,有时脑子里只考虑生计问题,我觉得这都无可厚非。问题是,当他们碰巧有了一个能够影响别人人生的机会时,就愚蠢地认为自己真的成为别人命运的主人,为了自己的一点利益可以随意主宰别人的生命,甚至断送别人生命中的美好,这才是他们最不能被原谅的丑恶之处。"

另一个学生说:"我发现这位同学用的是'公雁''母雁'这样的称呼,而原文中对公雁的称呼是'孤雁''孤独的雁''她的丈夫',对母雁的称呼是'她'。"

我问:"你觉得两种称呼有什么区别吗?"

学生说:"原文中的称呼让我感觉到两只雁就是两个有血有肉有感情的人,而不只是动物。"

我说:"你的感觉很敏锐,'有感情'这个词用得好,能说得再具体一点吗?"

学生说:"比如,作者称呼公雁为'她的丈夫',是在强调两只雁之间亲密的关系,而几次称呼公雁为'孤雁',似乎在告诉我们两只雁感情深厚的程度,只有感情特别深厚,公雁在失去另一半的时候才会格外孤独,也会让读者感到特别惋惜。"

我说:"刚才我们关注了作者对雁夫妇的称呼,我还注意到小说中有大量关于两只雁的动作、神态,甚至心理活动的描写,你能统计一下,看小说中描述伤雁的外貌神态的词语都有哪些吗?出现过几次呢?"

学生说:"'漂亮'这个词出现了两次,都是形容雁的羽毛;'美丽'这个词出现了两次,一次是形容她的头,一次是形容她的眼睛;还有一个词是'高贵',也是形容雁的头。"

我说:"'最后垂下了她那颗高贵美丽的头',这句话里为什么一定要用'高贵美丽'来修饰'头'呢?"

学生说:"是不是用来跟'垂下'做对比的?强调伤雁落难的悲凉?"

我表示肯定,又问:"如果把'高贵'和'美丽'这两个词换个位置,你们觉得怎么样?"

学生说:"我觉得最好不要,两个词应该有比重的,我的意思是说,作者首先要强调的是雁的'高贵',然后才是'美丽'。"

另一个学生说:"我觉得似乎还有一点因果关系,比如说,女人因为可爱而美丽,同样的道理,这只雁因为高贵的气质而美丽。"很多学生点头认同。

我继续问:"'高贵'在这里仅仅指气质吗?"这个问题似乎把大家难倒了,教室里很寂静。

我说:"我们不妨把雁跟鹅做比较,你们觉得,雁跟张家的鹅的不同仅仅在于一个是天上飞的,一个是地上走的吗?"

学生说:"作者在小说中称它们为'呆鹅',我也觉得它们很呆。因为它们明明在场,目睹了雁受伤掉下来,孤雁在上空盘旋是因为不舍妻子,可它们还好像没有感觉似的'迷惘地瞅着天空',天哪,这得多迟钝哪!"

我笑:"照你这么说,脑子迟钝就得被人鄙视吗?"

学生说:"不是这个意思,称它们为'呆鹅'的关键原因是这群鹅不会飞,也从来没想过要飞。"

我再追问:"那么我可以这样理解吗?这群鹅与雁的差距就是一个生活在地上,一个生活在天上?"

学生思考了一下,说:"这个不是最关键的,最关键的是,这群鹅明明有翅膀却不会飞,明明能去野外觅食,却还要接受人的喂养。它们根本没有自己的生活目标,更没有对自己生命的主权,它们只是庸庸碌碌地被人喂养,它们存在的全部价值似乎就是替人生蛋,或者被杀了吃肉,主人怎么对待它们,它们都没有意见。"

我说:"再反观雁呢?"

学生说:"雁能够在天空中飞翔,而且酷爱飞翔,他们有自己的一片天空,不愿意接受人的喂养。"

我说:"雁为什么不愿意接受人的喂养呢?"

一个学生说:"如果接受了,就得按照主人的意思下蛋给他们卖,说不定还要把肉给他们吃,这辈子就算完蛋了。"

我说:"是呀,这真的是一个值得讨论的话题。大家都读过玛丽诺顿的《地板下的小人》和王小波的《一只特立独行的猪》,现在我们再把'小人''猪兄',还有这篇小说中的'雁'联系起来,大家有没有发现他们都有一个共同的特点?"

学生们若有所思,一个学生犹豫着举手,说:"我记得地板下的小人最怕的是被人看见,因为被人看见往往意味着他们会被人活捉,然后被卖掉,或者被放在玻璃盒子里供人们看稀奇,这不是小人们想要的生活,因为太伤自尊了。"

另一个学生说:"那个'猪兄'宁愿当野猪,也不愿意接受被人设定的生活,其实也是因为被人设定的生活不是他想要的。"

我说:"你们说得很好,只要不妨碍别人,过自己想要的生活是每个人的自由。一个人有这种自由,才会有自尊,换种说法就是有尊严。你们说是不是?"学生们纷纷点头。

一个学生总结:"在这篇小说当中,'高贵'应该主要指的是一种精神气质,是尊严,受伤的雁宁死也不接受被人豢养、被人摆布的命运,正是这种对自由的坚持,对爱的忠贞,才成就了雁的高贵气质。"

我又问:"自由、尊严这类词语我们经常看到,但却很少真正去思考它们的含义。从这篇小说中,我们是不是有点理解了呢?如果联系到我们自己,我们有哪些天赋的自由呢?我们如何让自己活得更有尊严呢?"

…………

至少还有约瑟夫
——关注小说的叙事视角以及"次要人物"

我和学生一起读《我的叔叔于勒》,学生为菲利普夫妇对弟弟于勒的绝情唏嘘不已,我问:"你们有没有注意到标题中的这个'我'是谁?多大年纪?"

一个学生很快回答:"'我'是菲利普的儿子、于勒的侄子约瑟夫,在故事中大约是十多岁的年纪。"

我又问:"你们能看出来约瑟夫对于勒是什么态度吗?"

学生再次浏览小说,有的说约瑟夫很同情于勒,因为他给了于勒半个法郎的小费,还因为他叙说于勒的手、面容时都满含着同情。有一个学生说:"约瑟夫默念着:'这是我的叔叔,父亲的弟弟,我的亲叔叔。'这段话时感情很复杂,从文中看出,他应该是没见过这位叔叔的,但从小一直听着大人念叨于勒,今天终于能够见面了,自然会有一种亲切感,这种亲切感跟于勒有没有钱无关,只是源于血缘关系而产生的亲情。同时,他强调这是父亲的亲弟弟,其实也有对父亲如此绝情而不满的意思。"

别的学生表示认同,讨论热烈起来。这时,有一个学生对刚才那个学生的回答提出质疑,因为他觉得在小说中约瑟夫的年龄并非一直是十多岁,开头和结尾明明看得出他已经长大了。

我肯定了他的话,并提出了另一个问题:"记得以前老师读初中的时候用的那册教材是把这篇小说的开头和结尾删掉的,对此,你们有什么看法？"

热烈的气氛明显凝滞了一下，学生们有的若有所思，有的开始翻书，有的小声讨论，有的脸上露出了有所感悟的微笑。

我叫了一个面带微笑的学生，他站起来说的第一句话是："我感觉到了那册教材的编辑满满的恶意。"全班同学哄然大笑。

他等别人笑完了，接着说："如果开头和结尾删掉，那么约瑟夫就只能作为一个十来岁的小男孩出现在小说中，他的亲情、他的同情心也只能说明一个小孩子心地的纯洁，就像《皇帝的新装》里的那个小孩一样。这时他当然与他的父母形成鲜明对比，但也有可能在他长大的过程中会逐渐受他的父母的影响，变得跟他们一样冷酷，那时这个世界就全黑了。编者删掉原来的开头和结尾是不是就想暗示这样的意思？所以我说他恶意满满。可是，莫泊桑给这篇小说设置了这样的开头和结尾，显然是不想让世界变得如此绝望，你看，即使小约瑟夫没有更多的能力帮助自己的叔叔，可他不还是一直对于像叔叔那样处境的人保留着一份同情心吗？他不是一直在尽自己所能帮助他们吗？小说的开头和结尾告诉我们，他的这份善良从小到大一直没变，就是因为有约瑟夫这样的人，我们才觉得这个世界有温暖、有希望啊！"

全班掌声雷动，我亦微笑颔首："我想，在这篇小说中，莫泊桑除了批评菲利普夫妇的冷酷绝情，其实对约瑟夫这样看重亲情、保持一颗善心的人，他是赞许的，我们也可以努力做这样的人哦。"

说完了约瑟夫，我又抛出一个问题："大家再来看看，这篇小说里是不是所有的人都跟于勒有亲缘关系？"

学生们愣了一下。有个学生大声说："那个船长跟于勒非亲非故！"

我说："对呀，还有一位老船长呢！一般来说，这位船长经常被忘记，在有些读者眼里，他的存在感是很低的。可是你们仔细看看，作者其实给了这位船长不少戏份呢，这是为什么呢？"

学生们明显兴奋起来，班级里一片嗡嗡声。一个学生说："我觉得这个船长是个道具，作者想借他的嘴巴交代于勒为什么会出现在这艘船上。"

我肯定了他的看法，又告诉他我觉得还不够，如果只是用他做个传声筒，作者似乎就没必要花那么多笔墨去描写他，比如写他在船头威风凛凛地散步。

一个学生笑道："好高冷的范儿！"大家也笑。

我说："嗯，的确很高冷。比如当菲利普跟他没话找话东拉西扯时，他起初还应付着，后来终于不耐烦了，冷冷地说……；再比如，他对于勒的称呼是'老流浪汉''老流氓'之类的，看上去嘴巴黑得很哪。"学生们又笑。

我接着说："但是，要看一个人怎样，似乎不能只看他说了什么，也不能只看外表，还要看他做了什么。他做了什么呢？"

有一个学生说："这位高冷的船长偶遇流浪汉于勒，不但救了他，带他回国，而且还收留了他！"

另一个学生说："他明明知道于勒在勒阿弗尔还有亲戚，也没有赶他走。他跟于勒非亲非故的，这就很难得了。"

我说："对呀。这个世界上还有这样一类人，看上去不易亲近，而且骂起人来嘴巴黑得很，对你的不争气毫不留情，可是关键时刻他可能会拉你一把，换句话讲，他们就是外冷内热的人，这样的人其实也是很可爱的。"

学生们笑："比如我们的数学老师……"

我也笑了："我们之所以觉得这个世界还充满希望，是因为除了有约瑟夫，还有一位老船长呢！"

最后，我问："我发现在这篇小说中，作者还花了很多笔墨描写菲利普一家拮据的生活，你们怎么看？"

对此，学生的答案五花八门。有的学生说，作者是借此解释菲利普夫妇把金钱看得比亲情重的原因；有的学生说，这些描写中有几句似乎轻描淡写的话，比如"据说这种肉汤既合乎卫生又对身体健康有益"，一家人外出散步时那种故作庄重，以及母亲怕花钱就说自己怕伤胃等等，都在讽刺母亲死要面子的可笑……

我问："你们有没有注意，这一切都是用约瑟夫的眼睛看到的，而且是借约瑟夫之口叙述的。换句话说，如果你是约瑟夫，你面对因穷困而窘迫不堪，甚至变得绝情寡义的父母会是什么感觉？"

学生们面面相觑，许久，才有人小声说："我会觉得很心酸，那毕竟是我的父母哇！"

我说："是呀，焉知莫泊桑不是借助约瑟夫的视角，对穷人的生活表达一种心酸之感呢？再想想看，如果你我身处菲利普夫妇的境地，能比他们做得更好吗？穷困的生活是令人痛苦的，没有钱，人就无法过得更体面。什么是体面的生活？至少可以不用吃下脚牛肉做的肉汤，女孩子可以穿有花边的裙子，在适当的年龄拥有幸福的婚姻，菲利普这位家长能有一套没有污斑的礼服，不用被自己的老婆讽刺咒骂，克拉莉丝在船上可以不用因为怕花钱而不敢吃牡蛎，吃喝玩乐也不再成为一个人的品行问题……"

即使菲利普夫妇冷酷无情，莫泊桑对他们也心怀怜悯，所以说这篇小说是有温度的。可不可以说，这才是莫泊桑作为一个关注人的作家最伟大的地方？

《阿尔及利亚人的鲜花》及其他
——对"人"的关注比什么都重要

这本来只是六年级的一堂语文听力课,课上,我为学生读了法国女作家玛格丽特·杜拉斯的《阿尔及利亚人的鲜花》:

大概是十多天前吧,一个星期天的早晨,十点钟,雅各布路与波拿巴路的交叉口,圣日耳曼-德普雷一带。一个小伙子正从布西市场往路口走去。他二十来岁的年纪,衣衫褴褛,推着满满一手推车的鲜花;这是一个年轻的阿尔及利亚人,偷偷摸摸地卖花儿,偷偷摸摸地生活。他向雅各布路与波拿巴路的交叉口走去,停了下来,因为这儿没有市场上管得紧,当然,他多少还是有点惶惶不安。

他的不安是有道理的。在那儿还不到十分钟——连一束花也还没来得及卖出去,两位身着"便服"的先生便朝他走来。这两个家伙是从波拿巴路上蹦出来的。他们在捕捉猎物。猎犬一般朝天的鼻子四处嗅着异类,在这个阳光灿烂的星期天里,似乎暗示着有什么不平常的事情要发生了。果然,一只小鹌鹑!他们径直向猎物走去。

证件?

他没有获准卖花的证件。

于是,其中的一位先生走近了手推车,紧握的拳头向车下伸去——啊!他可真够有劲的!——只消一拳便掀翻了车里的所有东西。街口顿时铺满了初春刚刚盛开的(阿尔及利亚)鲜花。

可惜爱森斯坦不在，也没有其他人能够再现这一幅满地落花的街景，只有这个二十岁的阿尔及利亚小伙子呆望着，他被两位法兰西秩序的代言者夹在中间。最早过来的几辆车子开了过去，本能地绕开——这当然没人能管得了——免得压碎了那些个花朵。

街上没有人说话，只有一位夫人，是的，只她一个。

"太好了！先生们，"她嚷道，"瞧啊，如果每次都这么干，用不了多久我们就能把这些渣滓给清除了！干得好！"

然而从市场那头又走来一位夫人，就在她身后。她静静地看着，看着那些花，看着卖花的小犯人，还有那位欣喜若狂的夫人和两位先生。接着，她未置一词，弯下腰去，捡起鲜花，向年轻的阿尔及利亚人走去，付了钱。之后，又是一位夫人，捡起花，付了钱。然后，又有四位夫人过来，弯下腰，拾起花，付了钱。十五位。一共十五位夫人。谁也没有说一句话。两位先生狂怒了。可是他们又能怎么样呢？这些花就是卖的，他们总不能遏止人们买花的欲望。

一切不过十分钟不到。地上再也没有一朵花。

不过无论如何，这两位先生最后总算得了空，把年轻的阿尔及利亚人带到警察署去了。

故事并不复杂，学生都听懂了，所以他们很顺利地答完了前九道题，比如"故事发生的时间""故事中共有几个人物"之类的。第十道题是"说说你听了这个故事之后的想法"。

沉默片刻之后，一个胖墩墩的男孩举起了手："老师，我认为这篇文章是在同情资本主义社会中的劳动人民。"

看着他那副认真的样子，我不禁有些愕然，反问道："你怎么知道？"

"法国不是资本主义社会吗？阿尔及利亚小伙子不是劳动人民吗？两个警察不是在欺负他吗？所以说……"孩子有些得意地说着，就好像成功地套用一个公式解开了一道数学题一样。可是，生活是数学题吗？

又一个孩子举起了手:"我觉得那两个警察也没什么错,他们只是在执行公务,要是没人管,马路上你也摆摊我也摆摊,不是乱套了吗?就像我上学时经过的那个小菜场……"

这个孩子有自己的看法,并且联系到了身边的事实。实际上,我也每天经过他说的那个小菜场,那里本来是一条小弄堂,不知从什么时候开始变成了临时菜场,充斥着鸡鸭鱼虾、青菜、垃圾、污水,加上令人窒息的气味,一切都是乱糟糟的。平时好像没有人管,然而当满地都是被踩烂的橘子、柚子、香蕉的时候,当一辆辆破烂的小三轮车被几个着灰制服的市容监督员扔上那辆灰色的收容车的时候,你才知道这个市场原来是有人管的。只是,我看不出这种管理有什么实在的意义,因为往往不出两天,一切又都恢复原状了。不过,你能够怪罪那些靠卖小菜养家糊口、谋求生存的可怜人吗?

又有很多学生发言,他们七嘴八舌地争论着,有的同意甲的看法,有的同意乙的看法。出乎我意料的是,没有一个学生同情那个阿尔及利亚小伙子。

争论的声音渐渐小了下来,学生将期待的目光投向我,他们一定是希望老师给他们一个公平的说法,就像每次上课一样,他们很相信老师的"一锤定音"。可是,我的心情却从来没有像今天这样沉重过。

我艰难地组织着自己的语言,竭力想把自己的想法表达清楚:"从小学到现在,你们接触到的外国作品——《小音乐家扬科》《凡卡》《卖火柴的小女孩》《穷人》……,无论哪一篇文章,读完之后,老师们都会告诉你们,本文'批判了资本主义社会中人与人之间的不平等'或是"同情劳动人民的痛苦生活",天长日久,耳濡目染,难怪你们此时会条件反射似的,一下子想起这些。但是老师真的很希望你们在读一篇文章的时候,首先关注的是'人',能设身处地地同情别人而不是背诵'资本主义''劳动人民'这些抽象的概念。

"我们的生活应该是讲秩序的,但是秩序是为了使人们生活得更好,而不仅仅是看上去整齐漂亮。生存是每个人的权利，任何人都不能蔑视别人的这种权利。维持秩序的方式可以有很多种，不应该仅仅是粗暴地'掀翻装满鲜花的车子吧'？我觉得，如果一个市场乃至一个社会是混乱无序的，首先该负责任的应该是它们的组织者，而不是那些在社会底层讨生活的可怜的人们。"

看着有的迷惑、有的恍然大悟的学生，我又问："老师还想问你们，假如当时你们也在场，你们会怎么做呢？"

学生沉默了。我看着他们，也沉默着。我不是要他们很快地给我答案，只要他们肯严肃而认真地想一想这个问题就可以了。也许这个问题不但让这些六年级的孩子难以回答，恐怕就连我们这些有了一定是非观念的成年人，一时也不好回答。是呀，假如当时我们也在场，我们会怎么做呢？面对那满地的鲜花，我们的车子会"本能地绕开"吗？我们中会有那么多人"捡起鲜花"并且去"付钱"吗？我不知道。

第四辑

你是一棵什么树

看见每一个学生

你是一棵什么树

我在学生的阅读练习书上读到一篇题目为《一棵核桃树》的文章，讲的是"我"家门口有一棵树，曾经被"我"和周围的人当作枣树、李子树、樱桃树，直到最后树上结出了一颗小核桃，"我"才恍然大悟，原来那棵核桃树一直被张冠李戴了呀！至此，这棵树才回归核桃树的身份。

读完这个故事，我不禁抿嘴而笑，因为对植物知之甚少的自己也经常闹这种张冠李戴的笑话。我一直以为这是我这种无知的傻人的专利，不料本文的作者却用这个故事告诉我，这个世界上什么人都缺，就是不缺傻瓜——在他那个圈子里，包括一位农学院的专业人士都没认出核桃树——可是你看，人家不像我这么自卑，人家傻得多么理直气壮啊！

我不知道这棵核桃树如果能开口说话它将说些什么，我只知道，即使核桃树不结果，它也还是核桃树，就算全世界的人都不认识它，它也还是核桃树，绝不会因为没人认识而变成别的树。更何况区区一个没有常识的"我"，就算是把"我"的朋友、老父亲都算上也决定不了核桃树的基因问题呀！

当然，地球人都知道，作者写这篇文章，不过是借核桃树说事，他真正想说的，还是文章结尾的两段话。在记叙文中，那些语句通常被称为点睛之笔。他是这样结尾的："它要我知道，作为一个人，你也必须奉献出自己的果实，否则在这个世界上，没有谁会真正认识你。确实如此呀！自古迄今，地球上诞生了那么多的人，被我们认识的，都是那些在自己的生命树上结出果实的人。"

我想，作者写下这些句子的时候肯定很得意吧，这些振聋发聩的句子必定会使得很多"没有结出果实"的人"战战惶惶，汗出如浆"吧——且慢，在被吓住之前，我们很有必要把这些吓人的大道理一个词一个词地分解开来质疑一番。

首先，"果实"一词在这里何解？孔老夫子的"仁政"思想算不算？曹雪芹的《红楼梦》算不算？袁隆平的杂交水稻算不算？还有，农民们种的庄稼算不算？民工们建的高楼大厦算不算？全职妈妈在家里鼓捣的美食算不算？一度走红于网络的"犀利哥"有没有结过果实？

其次，什么是"认识"？仅指知道你的尊姓大名？还是指对你了解乃至理解甚至息息相关？据我所知，一些果实累累、大名鼎鼎的人似乎经常被世人误解。他们其实是最寂寞的，不信，请看世人对那些名人们不负责任的摇唇鼓舌吧！如果是这样，就算天下人都知道你的大名，都认识你，又有何益？

再次，"我们"又是谁？我真的很疑惑，在文章的结尾处，"我"怎么就不知不觉地变成了"我们"？究竟是作者写得起兴以至得意忘形，还是故意偷换概念、混淆视听？张爱玲说过，很多新闻记者动不动就说"这件事连路人都知道"，其实"连路人都知道的事"往往是路人做梦都想不到的。同理，作者说的"我们"都认识的"那些人"，说不定正是你我听都没听说过的。"我们"只不过是作者为了壮胆而临时拼凑的"啦啦队"，你我就这样被"我们"了，是不是觉得很奇怪？

此外，我很想知道，希特勒、墨索里尼等一干被钉在历史耻辱柱上的杀人魔王算不算"在自己的生命树上结出果实的人"？因为今天的我们几乎没有谁不"认识"他们哪！

最后，我更想知道，难道被"认识"就那么重要吗？我凭什么要把这个作为我活着的目标？如果我是一棵树，我高兴结果就结果，不高兴结果就开花，或者我连花也不想开，只图长得枝繁叶茂，难道不行吗？

就算没有人认识我，我照样拥有一棵树的精彩一生，有何不好？

可惜，我这些"自甘平庸"的想法很可能会被别人一句话反驳回来："如果不开花不结果，你的一生又何来精彩可言？"更有甚者，也许会干脆地说："一棵没用的树木没有生存的权利！"

呜呼！如果真的有那么一天，我想我也不需要抱怨，因为对于某些人来说，"你是一棵什么树"永远都比"你是一棵树"更重要。但是，我们真的很需要那种土壤，可以供一棵除了快乐地生长别无他求的树好好生长啊！

你能撑起谁的天

下午我给"小五班"上了一节题为"名字的故事"的写作课。班里的十七个孩子都是来自各个小学的尖子生,九月份他们将要成为我们这所以难进著称的学校中的一员,能够想象他们那种被"千里挑一"选拔出来的感觉有多自豪。

上课了,我请学生把自己的名字写在黑板上,因为我很想认识大家,然后,我一个一个读过来——我发现,很多孩子的名字里都有"天""昊"这样的字眼。于是我又请他们谈谈自己名字的含义,有个名字里有"天"的孩子说:"我爸爸妈妈给我取这个名字是因为他们希望我将来顶天立地,做一番大事业。"

我一听很有兴趣,问:"哦?你觉得什么是大事业呢?"

他不好意思地抓抓头发,说:"比如当科学家,比如当国家总理,这都是大事业,可以为民造福哇。"学生都笑了。

有个名字里有"昊"的同学说:"昊这个字有天和太阳,爸爸妈妈希望我能够成为万众瞩目的杰出的人。"

有个名字里有"玺"的同学站起来说:"玺是皇帝的大印,是权势的象征,我将来要成为一个有领导权的人,让别人都听我的。"

…………

听着学生奶声奶气的豪言壮语,我突然想起前几天接到的一个电话,那是我以前教过的一个女孩的妈妈打来的。当年,那个女孩在众人眼里绝对是非常出色的——聪明漂亮，曾经是小荧星艺术团的台柱子，成绩一直数一数二，一帆风顺地读了重点高中、重点大学，在大学里是活跃的学生干部，兼修了外语和法学专业。这样一个被光环笼罩的女孩，似乎人生的道路上铺满了鲜花，可是，在大学毕业那年，她遇到了一个说大不大、说小不小的挫折。那年，因为金融危机的影响，她没有找到令自己满意的工作，最后进了一家银行，银行小职员的身份让她成名成家的梦想就此暗淡，可是不菲的薪水与跳槽的风险又让她无法放弃当下的工作。现在，她是这样生活的：在一群她认为俗不可耐的同事当中自命清高、落落寡合，她总觉得自己"混得不够好"而跟以往的同学也基本断绝了联系，她看不上那些追求她的男孩子，觉得他们不够出色，至今感情上一片空白……

那位忧心忡忡的母亲打电话给我，因为她发现自己曾经精心培养并且令自己引以为傲的女儿竟然有患抑郁症的征兆，而且跟她严重对立，只要母亲一开口，女儿必定说："你除了要求我怎么出色，还能帮我什么？"所以她想起我，希望我这个当年的班主任能开导开导女儿……

我想起在初中的时候，每次我去家访，基本上都是那个女孩的母亲非常自豪地跟我讲她如何逼着女儿追求卓越，当我提醒她女儿有点不会跟同学正常相处的时候，母亲那不以为然的眼神让我至今难忘……

工作了十几年，我教过很多拥有炫目的学习成绩和各种光环的学生，他们从这里走向上海市最好的高中、中国最好的大学，给他们的父母、学校带来很多骄傲的资本，这是毋庸置疑的。可是，随着年龄的增长，我却越来越深切地感觉到，那些对孩子寄予成名成家或是撑起一片天空之厚望的父母，以及学校——也包括我——在教育上有着可怕的缺失。我们希望学生出色、优秀，将来去干一番大事业，于是日复一日、不遗余力地将这种观念灌输给他们，还用各种方式让他们享受因为"出色"而带来的特权，比如现在这种令大多数同龄孩子望尘莫及的"小五班"待遇。很少有人考虑过，当有朝一日这些学生成名成家的美梦被现实击碎，他们突然发现自己并没有成为杰出的人的时候，他们将怎样承受那种巨大的落差。当这些孩子成不了杰出的人时，他们将如何艰难地回归普通人的身份。最糟糕的是，很多孩子的自高自大已经深入骨子里，在他们心目中，要么觉得别人都不如自己出色能干，要么自认为有驾驭别人的特权，他们动辄以"泽被苍生、造福百姓"自诩，可是说说大话容易，实际上他们又能撑起谁的一片天呢？大多数人能清白正直地做人，撑起自己的一片屋檐就算不错了，但是，谁又能说一片屋檐的价值就绝对小于一片天空的价值呢？

  在这节课的最后几分钟，我说："大家都希望自己未来能做大事，造福百姓，这种想法非常好！我觉得，我们中间更多的人将来是当不了科学家和国务院总理的，但是，就算我们只能做小事，我们也可以做一个使自己和别人幸福的人，你们说是不是？"当我说这些话的时候，我看到有的孩子神情严肃地在点头，我觉得很欣慰。

"新叶"及其他

逛书展时,我一不留神走到了某教辅摊位。我随手拿了一本练习书,看到一篇题为《新叶》的文章。

文章不复杂,前四段写作者在一夜春雨之后的早上,突然"一眼瞥见小窗下那几根光秃秃的枝条上,冷不丁里冒出些淡绿、鹅黄色的嫩芽。'新叶!'我不由眼睛唰地一亮,惊喜地叫出声来。"

后面,作者用了很优美的语言描写新叶,比如"一旦冰消雪化,它便急不可待地从干枝秃条上冒出来,怯怯地朝四处窥探一眼,然后,轻轻抖动小小的身子,亲热地互相招呼着,迎阳光,沐春雨,尽情舒展开来。不几天,就星星点点地缀满一树,展示出蓬勃的生机"。再如"转眼间,便是满眼碧绿。仰头望去,在阳光的照射下,片片澄明透亮,青翠欲滴,恰似一芽鲜嫩的新茶投入沸水里。老远看来,却见一团团、一簇簇,浓淡相间,亭亭如盖。密处,浓得深邃,像汩汩流油;稀处,淡得清亮,像一层薄薄的光晕"。

这些描写形神兼备,优美流畅,令人陶醉,用来做描写的范本都是够格的,不过,且慢——

第五段,作者的笔锋一转,"然而,倘若它只有惹人喜爱的风姿,怎值得我为之动情?留意观察许久,我发现一些更使我敬慕的——它的德行和情操。"

我实在不明白,为什么"只有惹人喜爱的风姿"就不"值得我为之动情"？为什么"为之动情"还要考虑"值得"或"不值得"呢？也许作者是想告诉我们他的感情跟我等普通人的"爱你没商量"是绝对不同的，人家那是理智权衡的结果，是有一大堆冠冕堂皇的理由的，这且不说了，以下作者"观察许久"所发现的新叶的"德行和情操"，却更令人哑口无言了——"新叶的一生是短暂的。春天萌芽，夏日生长，秋风起后，大都飘去了。短暂的一生，却洋溢着无穷的活力和对生活的爱。"

这第一句话就莫名其妙，既是"新叶"，又何来"一生"？打个比方来说，难道你能说"这个孩子的一生"吗？后文写的"春天萌芽，夏日生长""秋风起后，大都飘去了"分明说的是"绿叶"，而不是"新叶"，作者在这里竟然将"新叶"等同于"绿叶"，作者偷换概念的功夫好生了得！不过，就像唱歌一样，第一句跑了调，后面即便七转八弯，也很难再回到正路上来了。果不其然，后面的几段都是在写"绿叶"或者是别的什么，根本就没有"新叶"什么事了。"它从不挑剔所处环境的恶劣。可安家于深山僻野，或置身繁街闹市，忠实地坚守在自己的岗位上，于地不争丰瘠，于人但求有益。"——这是在说"新叶"（或者说是"绿叶"）吗？是否"挑剔所处环境的恶劣"，是否"于地不争丰瘠"，那是大树的事，怎么也轮不到"新叶"呀！难道作者笔下的叶子们不是从大树的枝条上冒出来，而是闹了独立，换了岗位，一片一片自己从地底下钻出来安家在深山僻野或繁街闹市的吗？

"它辛勤地工作着，日夜不停地吸收二氧化碳，输出新鲜氧气。"——稍有常识的人都知道，树叶只有在阳光的照射下才会吸进二氧化碳，呼出氧气，根本不会"日夜不停地吸收二氧化碳"，作者难道连这点常识都没有吗？

"大地的乳汁养育了它，它报以一腔忠诚。即使凋落下来，也总是挤挤地集在树根前，不肯离去。而且，大多是叶面朝下，把最后一吻献给母亲。"——我想，作者说的情况是因为风不够大吧，否则，叶子们早就乘风而去，不知所踪，哪里还管挤在树跟前是叶面朝上还是叶面朝下呢！这纯粹是作者自作多情了。

"也许是因为'绿肥红瘦'的缘故，花朵常常比绿叶更容易博得人们欢心。可是红花虽好，还需绿叶扶持。没有绿叶的'无穷碧'又哪来花朵的'别样红'？我赞美绿叶，尽管我也十分喜欢花朵。新叶青青，使我忽然想道：即使不能做一朵流芳溢彩的鲜花，做一片纯净高尚的绿叶又何乐而不为呢。人生，本该像它一样青翠、蓬勃、谦逊、勤恳。"——这一段更是老生常谈而且强词夺理，自从有了红花绿叶，它们就相辅相生，相依相存，哪里来的什么高贵低贱？为什么一口咬定绿叶就是陪衬，还要唾沫横飞此地无银三百两地去赞美？（这让我想起了某些文章对"清洁工""农民工"的言不由衷的赞美）再说，谁说人生就只有红花绿叶这两种选择？还有树根呢，还有土地呢，还有河流呢，还有岩石呢，还有天空呢，还有白云呢……

读这样逻辑混乱、牵强附会、无病呻吟、言不由衷的文章，令人笑都笑不出来。但奇怪的是，这样的文章却往往被当作好文章给学生作范文。结果，很多孩子虽然未必喜欢，但也不得不将其奉为写作的榜样。于是，我经常看到一些孩子的文章如此文一样，言辞华丽，逻辑混乱，说的都是别人说滥了的空话套话，还觉得自己很有文采。

回想自己教书 20 年来，几乎每接手一个新班，第一件事就是教孩子们用自己的头脑去思考，用自己的语言去表达，还有，就是教他们学会分辨别人文字的高下。这个过程有点难，但是，很有意思。

这篇文章也是一篇送上门来的反面教材呀！

阅卷归来

区统考——呃，根据上级指示，应该叫作"区联考"——开始之后，有人问我看到试卷感想如何，我说："我想起有人说过的一句话，说现在的学生真幸福，幼儿园就开始学小学的知识，小学学初中的，初中学高中的，高中恨不得能当博士后……，但是考试呢，正好反过来。"

别怪我这么说，因为我们这次联考的作文题目"瞧，我们这个班"，实在简单到刺激人的地步了！

当我得知我又要去改作文的时候，不由得悲从中来。地球人都知道，在这个题目下学生会写什么，不外乎就是在拔河比赛、广播操比赛中全班齐心合力赢了对手，在青春营活动中全班积极参与精彩演出……，我真的无法做到面对那无数张"团结友爱、积极向上"的脸孔而不感到审美疲劳！

所以，从昨天下午到今天上午，我改了将近四百篇作文，有三百多人都在对"拔河比赛"津津乐道，我一点都不惊讶。当我看到全区的学生都为自己的班级写出了一份份先进集体报告材料时，我也一点都不激动。读这种文章实在无须仔细看和动脑筋，只需扫视一遍，感觉一下语言的好坏，然后打分即可，说是机械操作也不为过。

只有几篇文章，让我小小地激动了一下，仔仔细细读了好几遍。有一位学生写自己班的同学们都很有爱心，他写了他们一起救助一只小流浪狗的过程，他的语言不太老练，可是那份真诚善良实在动人，所以我给这篇文章打了高分。

还有个学生写全班同学为他们的老师过生日，他把同学瞒着老师偷偷准备的那种小期待、小激动，以及老师突然收到同学祝贺时的那种喜出望外，都描写得曲折细腻。于是，我也给了高分。

其实，对初中高年级的学生来说，这样的作文也没有体现出应有的思维深度，可惜连这样的作文都太少了。究其根源，题目指向范围狭窄是一个原因，大多数学生——特别是很会写作文的学生不肯动脑筋是更重要的原因。其实，初中阶段的正式考试中，为了保证人人有话可说，作文题目一定会比较简单，换句话说，就是不设审题障碍，保证绝大多数人不会因为"偏离题意"而无谓地失分，这是出题人的善意，我们要领情，同时，有能力的学生也要在不偏离正常轨道的前提下，想办法发挥自己的长处，争取让自己的文章脱颖而出，想做到这一点，最重要的就是感情真、材料新、立意深。

是不是能够通过平时的作文训练解决这个问题呢？我还在思考中……

韩寒与王小波的猪

在我读到《南方周末》上那篇长文《差生韩寒》之前,韩寒与王小波的猪并无交集。

王小波写过一篇文章,题目为《一只特立独行的猪》,文中写了他自己在插队落户的时候喂过一头与众不同的黑猪,黑猪怎么与众不同呢?简单来说,就是这头被定位为"肉猪"的黑猪从来都不肯安分守己地待在猪圈里吃泔水糠和睡大觉,以便长肥了挨一刀。它做的都是别的猪不会做的事,比如跳高,比如学汽笛的鸣叫,而且每天到处游逛,经常跑得不见踪影。总而言之,这是一头很有争议的猪,知青们认为它很潇洒,很有派头,王小波甚至尊称它为"猪兄",然而老乡们以及领导们却觉得它不正经,后来呢——这个问题暂时按下不表,还是再回来说说韩寒吧。

喧嚣一时的"方韩大战"的硝烟早已散去,网络以及报刊上讨论的话题早已不再是"代笔"本身。韩寒本人在这场争论中已经沦为一个案例中的人物,甚至是符号、道具,人们以他的事情为例谈"合理质疑",说"独立思考",讲"言论自由",论"司法权限"。众说纷纭之中,《南方周末》把目光投向了韩寒本人,记者陈鸣显然在努力试着从韩寒当年的同学、老师,甚至新概念大赛组织者赵长天的视角还原当年的韩寒——那个重点中学里的"后进生"。他上课不听讲,考试不答题,他口无遮拦、自以为是,但是另一方面,他又"会长跑,会写文章,还能在联欢会上唱歌,性情极为随和,说话妙语不断"。他在赢得了很多同学崇拜的同时，也令很多老师大摇其头，更给他的父母和家庭带来无尽的压力。

从"代笔门"至今，在媒体上风头甚劲的韩寒，包括他的小说、文章都没有引起我太多的感触，但是，张鸣笔下的韩寒却准确地击中了我的软肋，让我在读着这些文字的时候，内心小小地疼痛了一下。因为这个所谓的"后进生""坏小孩"，不但让我想起王小波的"猪兄"，也让我想起了自己还是"写诗的女孩"的中学时代，更让我想起了我教过的很多文采出众却特立独行的学生。他们是经常被老师关在办公室里补作业，然而博览群书、口才无敌的陈崧；考进数学实验班却不肯做数学习题、吹拉弹唱无所不能、作文获全国大奖的晓雷；因为不愿意刷题而在数学实验班里几进几出、以考进华二文科班为荣的汤真坤……

作为同样痴迷于文字的小孩，我们都曾走过那么一段艰难的路，那种艰难更多的是精神上的，我们的文字曾经给自己和周围的同龄人带来愉悦，但是在考场上我们都曾经灰头土脸、狼狈不堪。更重要的是，我们被告知我们所擅长的文字不但不能帮助我们生存得更好，而且还有可能成为我们正常生活的巨大障碍，因为它与决定我们命运的高考是冲突的。不是在写作中爆发，就是在写作中灭亡。于是，在命运的弯道前，我们选择了不同的行走方式，或止步，或转向，或继续走下去。正如张鸣所说："在每一个年轻人汇聚的校园里都会有类似的'才子'传奇，他们是痴迷于文学的少年，写一手同学间四处传阅的好文章，有的'迷途知返'之后'全面发展'考进大学，有的转舵无力被时代的浪潮淹没。一个偏才少年首先面临的是压力，而非人所艳羡的名望……"

这个社会并没有给"韩寒们"留出多少自由发展的空间，就像那位"猪兄"一样。几乎从一出生，大多数人的人生之路就被设定好了，对那位"猪兄"来讲，它的人生之路就是长肉和被宰，对"韩寒们"来说，他们的人生之路类似于一个寓言故事中的放羊娃——放羊、挣钱、娶媳妇、生孩子、孩子长大了再放羊……。这是主流的价值观，因为这个世界上大多数人都是这么活着的。在这种价值观面前，在分数决定一切的规则面前，一个不谙世事的少年的抗争是何其无力！"后进生"韩寒不肯按照大多数人都认可的方式去当一个乖学生，他想通过另一种方式证明自己，他一本接一本地读书，近乎疯狂地写作，然后，他获得了新概念作文大赛的一等奖，又出了自己的书，可是这一切却没有让他证明自己，反而让他在学校里面临着更大的压力。他不肯妥协，于是只能选择退学。我相信，从松江二中那像城门似的校门里走出去的韩寒，他的背影肯定谈不上悲壮，更称不上潇洒，因为他将要面对的这个世界，对他而言其实是一片茫然而且满怀敌意。我相信当时他的心一定被巨大的失落和恐惧淹没，就像我们每一个人在脱离了原先熟悉的轨道，即将踏上未知的道路时的心情一样，像一只断了线的风筝飘飘摇摇、身不由己地飞向广袤的天空。

那位"猪兄"最后从民兵们的火线网中逃脱，多日之后王小波再次看到它时，它已经长出了獠牙，成了一头地道的野猪，并且对昔日的熟人兼粉丝保持着冷淡的距离。当年的"后进生"韩寒离开了学校，独立行走于生活的边缘地带，沉默而倔强地寻找着自己的定位，向这个世界证明着自己的价值，成了一个在巨大的辉煌与巨大的争议漩涡中搏斗的人物。韩寒以一种非凡的勇气或者说孤注一掷的方式与这个被设置好的世界对抗到底，正如那位特立独行的"猪兄"，它宁可当一头时时被追捕的野猪，也不接受人类为他设置好的命运。与韩寒相反，我选择了向现实妥协，从高三开始，我毅然停笔，开始苦读，于是，我顺理成章地考上了大学，跟大多数同龄人一样，读书、打工、拿奖学金、毕业、工作……，这是大多数人最终的选择，如果想要活得安稳一些的话。这样的选择被称为"理智"。

王小波在他文章的结尾说："我已经四十岁了，除了这只猪，还没见过谁敢于如此无视对生活的设置。相反，我倒见过很多想要设置别人生活的人，还有对被设置的生活安之若素的人。因为这个缘故，我一直怀念这只特立独行的猪。"

如今的我，已经开始对被设置的生活安之若素，我很难说清我跟韩寒相比谁的得失更大，也许，这本身就不是"得失"二字所能涵盖的。可是，这并不妨碍我对韩寒以及那位"猪兄"表达敬意，以及尽我所能善待现在以及今后与我结下师生之缘的"韩寒们"。

孤立

美国作家彼得·海斯勒在《江城》一书中谈到自己跟中国学生的关系:"每当我提及中国人的排外情绪,他们莫不生出重重防备之心。我据此认为,在他们的身份认同中,大街上随意骚扰老外的中国人身份大过于外国老师面前的学生身份。并且,仍旧有许多场合,学生们会很不爽地低下他们的脑袋。……只要发生这样的情况,我就会意识到,我正在教授的不是四十五个具有四十五种想法的个体。我是在教授一个群体,这样的时刻是他们整个群体想法一致的时刻。……站在全班学生面前,我这个外国人常常感到十分孤立。"

读到这段话的时候,我独自一人坐在那间朝北的小办公室里。我突然想起几年前的一幕,也是在这间小办公室里,我一个人看着电脑屏幕,看着满屏骂我的话,久久无语。那些话来自我的学生,他们使用了各种各样的网名,我不知道他们究竟是谁,但是我很清楚,他们当时就坐在隔壁教室里,正在埋头做习题,或是看书、发呆。

那是我教了三年的学生,我一直是他们的任课老师而不是班主任,虽然在我眼里,我当班主任的这个班和不当班主任的那个班的学生都是我的学生,我没有感觉到有什么不同。直到那一年的元旦,学校组织了一场歌咏比赛,两个班都进了决赛,而且分数几乎不相上下。

决赛排练的时候,另一个班经常在放学后练到很晚,他们劲头很足,他们不断地想出各种创意,还有人从家里拿来很多道具,每天都在练习。

我知道他们很想夺得冠军，因为在过去三年多的时间里，他们无论是学习，还是大大小小的比赛，几乎都是年级里最好的，所有教过他们的老师都说这是个集体荣誉感很强的班级，还因为这个表扬过他们。

然而很不幸，因为他们演出的时候伴奏音乐出了点意外，再加上他们的舞蹈动作太复杂，整体效果不如预想的好，所以那次比赛的冠军被我当班主任的这个班得到了。当活动主持人宣布名次的时候，冠军班级欢声雷动，意外落败的班级里好多人都哭了。

其实，作为一个成年人，我并不觉得这种比赛有什么大不了的，可是站在孩子的角度考虑，我很理解他们的感受。只是，我觉得自己有责任教育学生懂得"胜固欣然，败亦可喜"的道理。回来之后，我买了一百份巧克力，给两个班级的每个学生都分了一份。我对我当班主任的班级学生说："请不要过分为胜利而沾沾自喜，因为这次其实是对手的失误成全了我们。"然后，我又特意告诉落败的那个班："你们虽败犹荣。"

然而，我对落败班级同学的教育不但没有任何效果，反而让我自己在学校的贴吧里受到了学生的"教育"。有个学生发帖说："我们根本就不该败给 X 班，但是有些老师还幸灾乐祸地刺激我们，说什么虽败犹荣的风凉话……"后面还有很多表示附和的跟帖。

看到这个帖子，我很不开心，心想这个学生怎么可以这样，输就输了，还这么一副输不起的样子，太难看了吧。于是我回帖说："赛场上有输赢是很正常的，我觉得与其在这里发牢骚，还不如分析一下失败的原因。其实你们求胜心太强也是失败的原因之一，再者，毕竟是歌咏比赛，配上那么复杂的舞蹈动作，反而影响了唱歌，得不偿失……"

因为这些话，又因为我是获胜班级的班主任，我立刻成了众矢之的。没有人冷静地分析我的话是否有道理，这里只有一群自尊心被"获胜班级班主任"伤害的失败者，就这样，实名登录的我被一群匿名的孩子围攻。从此以后，一直到今天，我再也没有去过学校贴吧。

当时我还在教那个班级，我很难忘记自己每天进教室之后看到那四十几张面孔时的心情。那些骂我的孩子就在他们中间，他们若无其事地记笔记、回答问题，我也要装作若无其事的样子批改他们的作业，然而，我却没有办法再像从前那样心无芥蒂地跟他们开玩笑，把自己刚看的书介绍给他们，因为我无法接受自己跟学生之间是这样一种"各怀鬼胎"的关系。事实上，到了后半学期，我基本上不再跟他们过多说话。在我的眼里，就如他们希望的那样，他们成了一个牢不可破的群体，在这个群体里，再也没有了我喜欢的疼爱的学生，而统统变成了为了维护班级荣誉而毫无理性地与我为敌的小刺猬。

为什么会成为这个样子呢？在很长的一段时间里，这件事一直困扰着我，我觉得这件事并不能责怪学生，肯定是我的问题，或者说是我们的教育在哪里出了问题。

新学期开学的班主任会上，德育主任有一段话是特意讲给几位刚刚走出大学校门的新同事听的："对于一个班主任来讲，组建一个新的班集体，首要的任务就是要加强学生的集体观念，因为只有学生有了很强的集体荣誉感，这个班级才会有凝聚力，才会便于班主任的管理……"

很多老师点头，并露出心领神会的微笑，我的脑子里却如同划过一道闪电：是的，问题的症结就在这里呀。面对一群活泼的学生，我们首先想到的就是如何便于管理，而集体荣誉之类的诱饵，便是管理最有效的手段，当我们用这些手段把有着不同个性和想法的孩子整齐划一地刻进一个有着"集体荣誉感"的模子里的时候，我们总会忘记自己的本职工作其实是育人，而育人的最高目标应该是培养"大写的人"——有独立思考的能力，能够客观公正地看待身边的事物，这样的人才配称为"大写的人"，而不是一枚螺丝钉，一个肉喇叭，或者是莫名其妙地成为成功者的垫脚石。

想来真是很有讽刺意味，自诩公正理性的我被那些热爱集体的学生攻击，多少也有点搬起石头砸自己的脚的意味吧。

教育不该激发人性中的丑恶

教育应该改变人,把人性中的美好与善良最大限度地激发出来,而不是激发人性中的丑恶。这似乎是老生常谈的一句话。但真正到做的时候,却未必是这么回事。

语文课经常要默写古诗文,有时候一篇文章很长,学生要默写全对并不容易。对于那些少数全对的学生,我怕自己看漏了某个小错误,就想了个办法,让课代表把他们的默写纸拿到教室里去,请其他学生再看一遍。学生果然对这件事很积极,他们像拿着放大镜一样,在别人的默写纸上百般挑刺,只要发现一个错字就会激动地跑来找我,要求"把这个同学从满分名单里划掉"。起初我很得意于自己的做法,默写本来是一件很枯燥的事,但是我却激发了学生的兴趣,学生在给别人纠错的过程中,自己也记住了正确的写法,何乐而不为呢?直到我看到一个学生在日记中写这件事,他说:"殷老师成功地激发了我们人性中的丑恶。"

学生可能只是在调侃,我却悚然,继而不能不反思。我发现,学生之所以兴高采烈地帮别人纠错,多数是出于"我没过关,也不能让别人过关"的心理。而我呢,我的这种做法看似让他们记住了几个字的正确写法,却在无意中利用了他们这种不太光明的心理,这算不算因小失大?算不算因为过分看重目的而忽略了手段?

有一年,我担任某班任课老师,我从学生的一篇随笔里看到这样一件事:这个班级的孩子特别活跃,经常因为各种小事,诸如自修课不安静、课间休息时吵闹等被执勤员扣分，导致连续几周没有评上先进集体。于是班主任就让学生在每周五的班会课上写一写班级里的"问题"，并要求用实名写出具体的人和事，然后，班主任会汇总这些问题，在班会上批评那些"得票率高"的学生。这个学生在随笔里写道："我很苦恼，我爱这个班级，希望它好，可是我并不想在纸上写同学的坏话，这不是成了打小报告吗？"

我很理解她的苦恼，更赞赏她能够坚持自己做人的准则，对于一个孩子来说，这是很不容易的。同时，我也觉得她的话令人警醒，大部分班主任都干过类似的事情吧，包括我。为了更好地管理班级，或者为了减少管理的成本，我们设置了小干部制度，让品学兼优的学生掌握管人的权力，甚至发动更多的学生去揭发别人，名义上是批评不正当的行为，但是，多数小孩子的"不正当"行为又能"不正当"到哪里去呢？就算有，用这种方式就真的能把那些行为纠正过来吗？不是的，我只看到一些被批评的孩子垂头丧气或气愤不已，我在学生的随笔中也不止一次看到他们因为自己被点名而感到冤枉和气愤。这个时候，自卫的本能占了上风，孩子们只会想到如何替自己辩解，或者找理由，老师所谓"希望他们能反思自己、改正错误"的想法不过是一厢情愿罢了。

换句话说，这样做可能会让班级里的一些孩子因为压力而太平一时，然而，学生彼此之间的信任，班级里友爱的氛围，却可能会荡然无存。我认为，这恰恰是无法弥补的损失。

一个孩子的成长是要靠爱与被爱来成就的，而不是靠打压同伴或被同伴打压。我不能不担心，因为那些善于钻营、翻脸无情的精致的利己主义者中，有很多人也曾经是学校里品学兼优的好学生。

有些手段即使有效也不该用，因为教育的目的不是管理，而是育人。

我希望我的学生走出校门的时候，每个人都心底磊落，脸上有光。

后记

"赶羊"及其他

读小学时,有一次老师布置作文"暑假里的一件事"。在我们动笔之前,老师照例先读了一篇他认为很不错的范文。文中写暑假里的一天,作者经过一片麦田,看到有一头牛在里面吃麦苗,于是费力将这头牛赶了出去,云云。

众小孩听了范文大乐,下笔如有神,顷刻交卷。老师读第一篇:"嗯,赶猪……不错,很会模仿……描写生动……"

再读第二篇:"赶马,嗯……"

第三篇:"赶羊……"老师大怒,拍案而起:"你们这些熊孩子想干什么?!"

…………

后来我做了语文老师,每每想起很多年前老师气急败坏地与学生面面相觑的尴尬场面,我除了忍俊不禁,也会由此想到我自己的学生。对我而言,儿时那个"赶羊"的故事更像是一个寓言,警示我不要滥用老师的权力,用千篇一律的"赶……"将学生的头脑固定成一个模子,甚至把他们变成一群被赶来赶去的小羊。我想,这就要求我自己首先做一个不被各种莫名其妙的力量赶来赶去的老师吧。

我已经教了二十多年的书,上课是我的日常。虽然日常往往意味着庸常，但是好在我还有一个不错的习惯——将教学中一些有意思的片段随手记录下来，并时时自我反思。时至今日，这已经成为我不可或缺的生活方式，或者说是一种乐趣。这种乐趣与职称晋升无关，与成名成家无关。因此我能够在洋洋大观、鱼龙混杂的文字海洋中不被"权威""口碑"之类的东西迷惑，一直保持着自由自在地阅读、思考、涂鸦的习惯。也正因为如此，我的语文课才能成为引领学生思考和表达的舞台。我的学生会在课堂上头头是道地评点老师以及名作家们的文字的亮点，质疑某些文字写法的不当，指出一些诸如"罗斯福和小树"等励志故事的逻辑错误，并引经据典地证明自己的结论，甚至像我一样写出来与同学交流。

还记得有个对诗、词、曲特别感兴趣的孩子，他在查阅了大量资料之后写成一篇"我看唐诗、宋词、元曲"，试图从社会环境的角度探究三者中为什么唐诗的数量最多、质量最高。也有很多已经毕业的学生在跟我交流时表示，特别感谢我为他们提供了进行大量阅读的机会，使他们能够更从容自信地面对高中乃至大学的文科学习……，学生明亮的眼睛与自信的侃侃而谈让我看到智慧的光芒。当我欣然记录这一切的时候，那种心醉的感觉，如饮醇醪，如坐春风。

但是，我也很清醒地知道自己并没有什么了不起，也从来不认为自己能够"引领"或是"塑造"什么。我能做的只是坚持语文教学的常识——让学生相对自由地阅读，相对自由地表达。

书中的这些文字，有一大部分是在教学刊物上公开发表过的，这要特别感谢王栋生老师。虽然王老师因为眼疾的缘故，实在不宜过于劳累，但他还是像以前看学生作文一样，一篇一篇地帮我看这些不成模样的文字；然后，一次次推荐发表。这让我满怀歉意而且惭愧，更时时自我鞭策。这次积攒成书，也是得益于王老师的督促和鼓励。王老师退休前一直是一线教师，坚持教育常识，坚持思考，笔耕不辍。我想，作为一个普通的语文教师，如果我能够做到王老师的十之一二，也算对得起自己和学生。

此外，还要感谢我的大学同学、北京丰台教育学院的谢政满老师。在我修改书稿期间，他也阅读了书稿中的每一篇文章，并认真地给出了修改意见，这些都对我有很大启发。同时，也要感谢盛雅萍校长以及上海市教育委员会教研室的曹刚老师，他们的热情鼓励是我努力做好教育工作的动力之一。

…………

帕斯卡尔说："人只不过是一根苇草，是自然界最脆弱的东西，但他是一根能思想的苇草。……纵使宇宙毁灭了他，人却仍然要比致他于死命的东西高贵得多……"

我想，即使我们都是自然界中的一棵芦苇，也要做一棵会思考的芦苇。从这个意义上来说，我们在语文课堂上，不仅仅是要埋下一颗颗智慧的种子，还要点燃学生思考的热情，为他们成为一个个有尊严的人提供最大的可能。这将是我终生努力的方向。